Cursus Continuus

Grammatischer Begleitband

Ausgabe A

Herausgegeben von Dr. Gerhard Fink und Prof. Dr. Friedrich Maier

Verfasst von Hartmut Grosser, Prof. Dr. Friedrich Maier
unter Mitarbeit von Dieter Belde, Dr. Gerhard Fink, Prof. Andreas Fritsch,
Rudolf Hotz, Hubertus Kudla, Wolfgang Matheus, Andreas Müller,
Peter Petersen, Hans-Dietrich Unger, Andrea Wilhelm

Berater: Dr. Karl Bayer

C.C. Buchner
Lindauer
Oldenbourg

CURSUS CONTINUUS – Unterrichtswerk für Latein

herausgegeben von Dr. Gerhard Fink und Prof. Dr. Friedrich Maier

und bearbeitet von einem Autorenteam:

Dieter Belde, Dr. Gerhard Fink, Prof. Andreas Fritsch, Hartmut Grosser, Rudolf Hotz, Hubertus Kudla, Prof. Dr. Friedrich Maier, Wolfgang Matheus, Andreas Müller, Peter Petersen, Hans-Dietrich Unger, Andrea Wilhelm

Berater: Dr. Karl Bayer

Das Papier ist aus chlorfrei gebleichtem Zellstoff hergestellt, ist säurefrei und recyclingfähig.

© 1995, 1997 C. C. Buchners Verlag (Bamberg)
www.ccbuchner.de
J. Lindauer Verlag (München)
Oldenbourg Schulbuchverlag GmbH (München)
www.oldenbourg-schulbuchverlag.de

Das Werk und seine Teile sind urheberrechtlich geschützt.
Jede Verwertung in anderen als den gesetzlich zugelassenen Fällen bedarf deshalb der schriftlichen Einwilligung des Verlages.

2. Auflage 1997   R E

Druck   03
Die letzte Zahl bezeichnet das Jahr des Drucks.
Alle Drucke dieser Auflage sind untereinander unverändert und im Unterricht nebeneinander verwendbar.

Umschlag: Mendell & Oberer, München
Lektorat: Dr. Sibylle Tochtermann
Herstellung: Johannes Schmidt-Thomé
Satz: Satz + Litho Sporer KG, Augsburg
Druck und Bindung: Graphischer Großbetrieb Friedrich Pustet, Regensburg

ISBN 3-7661-**5381**-1 (C. C. Buchners Verlag)
    3-87488-**657**-3 (J. Lindauer Verlag)
    3-486-**87657**-0 (Oldenbourg Schulbuchverlag)

Inhaltsverzeichnis

	Arbeitsanleitung			9
	Einführung		Wort, Satz, Text	10
Lektion	Formenlehre	G-Sequenz	Satzlehre	Seite
1	Dritte Person Singular des Verbums	G 1	Prädikat	16
	Nominativ Singular des Substantivs	G 2	Subjekt	16
		G 3	Adverbiale: Adverbien zur Angabe eines Umstandes	18
		G 4	Zu den Satzgliedern	18
		T	Wortwiederholungen und Leitwörter	19
2	Dritte Person Plural des Verbums – Konjugationsklassen	G 1		20
	Nominativ Plural des Substantivs	G 2		22
	Adjektiv: Nominativ Singular und Plural	G 3	Attribut, Prädikatsnomen, Praedicativum	22
3	Erste und zweite Person Singular und Plural des Verbums	G 1		26
	Infinitiv	G 2	Subjekts-, Objektsinfinitiv	28
		G 3	Beiordnende und unterordnende Konjunktionen	29
		T	Konnektoren	29
4	Akkusativ – Deklinationsklassen	G 1		30
		G 2	Objekt: Nomen im Akkusativ	32
		G 3	Adverbiale: Akkusativ zur Angabe der Zeit und der Richtung	33
5	Ablativ: Grundfunktionen	G 1	Adverbiale und Objekt: Ablativ in präpositionaler Verbindung – Grundfunktionen	34
		G 2	IN mit Ablativ und Akkusativ	36

Lektion	Formenlehre	G-Sequenz	Satzlehre	Seite
6	Bestimmungsstücke des Verbums: Modus Imperativ	G 1		37
	Ablativ ohne Präposition	G 2	Adverbiale: Die wichtigsten Sinnrichtungen des Ablativs	38
		G 3	Satzreihe – Satzgefüge	40
		T	Sach- oder Bedeutungsfelder	40
7	Verbum: POSSE	G 1		41
		G 2	Satz: Formen der Frage	41
	Nomen: Adjektiv als Substantiv	G 3		42
8	Genitiv	G 1	Genitiv als Attribut und Objekt	43
	Nomen: Substantive und Adjektive auf -(e)r	G 2		45
	Possessiv-Pronomen	G 3	Verwendung als Attribut	46
9	Verbum: Indikativ Imperfekt	G 1		47
	Perfekt: Bildung mit -v-, -u-, -s-	G 2		48
		G 3	Verwendung von Imperfekt und Perfekt	49
		T	Zeiten-Verwendung I	50
10	Perfekt: Bildung durch Dehnung, Reduplikation, ohne Veränderung	G 1		51
	Nomen: Konson. Deklination – Substantive auf -ō, -ōnis und -ō, -inis	G 2		52
		G 3	Temporalsätze: postquam, ubī	52
11	Dativ	G 1	Dativ als Objekt	54
	Interrogativ-Pronomen: QUIS? QUID?	G 2		56
	Personal-Pronomen der 1. und 2. Person – Reflexiv-Pronomen	G 3	Verwendung	57

Lektion	Formenlehre	G-Sequenz	Satzlehre	Seite
12	Relativ-Pronomen: QUI, QUAE, QUOD	G 1	Relativsatz	59
		G 2	Relativischer Satzanschluss	60
	Personal-Pronomen der 3. Pers. – Demonstrativ-Pronomen: IS, EA, ID	G 3	Verwendung zur Besitzangabe	61
		T	Verweis-Wörter (Pro-Formen)	62
13	Partizip Perfekt Passiv (PPP) – Perfekt Passiv	G 1	Zur Kasuslehre: Ablativ des Urhebers	63
		G 2	PPP als Adverbiale: Participium coniunctum PPP als Attribut	65
	Nomen: Konson. Deklination – Neutra	G 3		68
14	Nomen: ĭ-Deklination	G 1		70
	Demonstrativ-Pronomen: IPSE, IPSA, IPSUM	G 2	Verwendung	71
	Verbum: Indikativ Plusquamperfekt Aktiv und Passiv	G 3		72
		T	Zeiten-Verwendung II	74
15		G 1	Akkusativ mit Infinitiv (AcI): Konstruktion, syntaktische Funktion, Übersetzung	75
		G 2	Kongruenz – Pronomina der 3. Person im AcI	78
		T	Erzählung	80
16	Verbum: Futur I Aktiv	G 1		81
	Nomen: Konson. Deklination – Mischdeklination	G 2		83
	Demonstrativ-Pronomen: ILLE, ILLA, ILLUD	G 3		84
17	Verbum: ĭ-Konjugation (Präsens-Stamm, Perfekt Aktiv, Partizip Perfekt Passiv)	G 1		85
		G 2	Zur Kasuslehre: Dativ des Besitzers	87

Lektion	Formenlehre	G-Sequenz	Satzlehre	Seite
18	Nomen: ĭ-Deklination: drei-/ zwei-/einendige Adjektive	G 1		88
	Zahlwörter: Grundzahlen 1-12	G 2		89
		G 3	Zur Kasuslehre: Ablativ der Zeit und des Unterschieds	89
19	Nomen: u-Deklination	G 1		91
		G 2	Zur Kasuslehre: Genitiv der Teilung	92
20	Interrogativ-Pronomen: QUI, QUAE, QUOD	G 1		94
	Demonstrativ-Pronomen: HIC, HAEC, HOC	G 2		94
21	Verbum: Passiv (Indikativische Formen des Präsens-Stammes)	G 1		96
	Adverb: Bildung	G 2	Verwendung im Satz	99
		T	Gespräch	100
22	Verbum: Konjunktiv Präsens und Perfekt – Bildung	G 1		101
		G 2	Verwendung im Haupt- und Gliedsatz	103
23	Verbum: Konjunktiv Imperfekt und Plusquamperfekt – Bildung	G 1		106
		G 2	Verwendung im Gliedsatz und Irrealis	107
		G 3	Zeitverhältnisse im konjunktivischen Gliedsatz	108
		T	Brief	109
24		G 1	Zur Kasuslehre: Genitiv zur Angabe des ‚Subjekts' oder des ‚Objekts'	110
		G 2	Zur Kasuslehre: Dativ des Zwecks	111
	Indefinit-Pronomen: QUIDAM, QUAEDAM, QUODDAM	G 3		112
		T	Beschreibung	112

Lektion	Formenlehre	G-Sequenz	Satzlehre	Seite
25	Nomen: ē-Deklination	G 1		114
	Verbum: NOVISSE, MEMINISSE, ODISSE	G 2		115
	Verbum: IRE (Präsens-Stamm)	G 3		116
26	Verbum: IRE (Perfekt-Aktiv-Stamm)	G 1		117
	Adjektiv und Adverb: Komparation (regelmäßig)	G 2	Komparation: Verwendung	118
27	Partizip Futur Aktiv (PFA) – Bildung	G 1	Verwendung als Prädikatsnomen und Adverbiale	121
	Infinitiv Futur Aktiv – Bildung	G 2	Verwendung im AcI	123
		G 3	Zeitverhältnisse im AcI (Zusammenfassung)	124
28	Verbum: Futur II Aktiv und Passiv	G 1	Verwendung in Gliedsätzen	125
	Partizip Präsens Aktiv (PPrA) – Bildung	G 2	Verwendung	127
29			Ablativ mit Partizip / Ablativus absolutus:	
		G 1	mit Partizip der Gleichzeitigkeit	131
		G 2	mit Partizip der Vorzeitigkeit	132
		G 3	Passivische Form mit aktivischer Bedeutung	133
30			Ablativ mit Partizip / Ablativus absolutus:	
		G 1	Nominale Wendungen	134
		G 2	Participium coniunctum und Ablativus absolutus: Zusammenfassung (Sinnrichtungen – Zeitverhältnisse – Übersetzungsmöglichkeiten)	135

Anhang

		Regel	Stoff	Seite
	Schrift		Die lateinischen Schriftzeichen	140
	Lautlehre	L 1 – 8	Die lateinischen Laute	140
		L 9 – 10	Rechtschreibung	142
		L 11	Silbentrennung	142
		L 12 – 15	Betonungsregeln	142
		L 16 – 21	Lautregeln der Vokale	143
		L 22 – 28	Lautregeln der Konsonanten	144

Tabelle		Stoff	Seite
I		**Zur Formenlehre des Nomens** DEKLINATIONEN	
	1	Deklination der Substantive	146
	2	Deklination der Adjektive	146
II		PRONOMINA	
	1	Personal-Pronomina	148
	2	Possessiv-Pronomina	148
	3	Demonstrativ-Pronomina	148
	4	Interrogativ-Pronomina	148
	5	Relativ-Pronomina	149
	6	Indefinit-Pronomina	149
III		KOMPARATION DER ADJEKTIVE Regelmäßige Komparation	150
IV		ADVERB Bildung und Komparation	150
V		**Zur Formenlehre des Verbums**	
	1	KONJUGATIONEN Präsens-Stamm Aktiv	151
	1	Präsens-Stamm Passiv	152
	2	Perfekt, Plusquamperfekt, Futur II Aktiv	153
	2	Perfekt, Plusquamperfekt, Futur II Passiv	154
	3	Nominalformen des Verbums	155
VI		STAMMFORMEN DER VERBEN IN L 1 – 30	
	1	ā-Konjugation	156
	2	ē-Konjugation	158
	3	ī-Konjugation	160
	4	Konsonantische Konjugation	161
	5	ĭ-Konjugation	165
VII	1	ESSE, POSSE, IRE	166
	2	Komposita von ESSE	167
	3	Komposita von IRE	167
	4	Verba defectiva (anomala)	167
VIII		PRÄPOSITIONEN	168
IX		GLIEDSATZARTEN UND KONJUNKTIONEN (unterordnend)	169
X		KONJUNKTIONEN (beiordnend)	170
XI		SYNTAKTISCHE FUNKTIONEN UND FÜLLUNGSARTEN	171
		Sachverzeichnis	172

Arbeitsanleitung

Der **Grammatische Begleitband** (GB) ist als **Begleitgrammatik** dem Übungsbuch (ÜB) beigegeben; ÜB und GB gehören unmittelbar zusammen. Der GB begleitet das ÜB bis zur Lektion 30; von da an soll, um der frühen Gewöhnung willen, bereits eine **Systemgrammatik** (SG) verwendet werden.

Der GB enthält eine **Einführung** in die deutsche und lateinische Grammatik und ihre Begrifflichkeit (Terminologie; S. 10 ff.); das System und die Regelhaftigkeit der lateinischen Sprache werden dabei in einem grafischen **Satzmodell** vorgestellt, das innerhalb der GB-Kapitel häufig zur übersichtlichen Veranschaulichung und Erläuterung grammatischer Erscheinungen wieder verwendet wird. Eine **Textlehre** schließt die Einführung ab.

Jedes **Kapitel des GB** umfasst jeweils den gesamten neuen Grammatikstoff, der in der gleich bezifferten Lektion des ÜB dargeboten wird; wenn man bei der Anfertigung der Hausaufgabe den GB geöffnet neben das ÜB legt, kann man sich jeweils sofort, ohne viel blättern zu müssen, orientieren und sein Wissen kontrollieren.

Die **neuen grammatischen Erscheinungen** werden innerhalb des GB-Kapitels immer in der gleichen Weise dargestellt:
- nach einem Kasten mit typischen Beispielsätzen erfolgt zunächst eine Einführung in das grammatische Phänomen und seine **Formenlehre**; häufig schließt dieser Abschnitt mit einem Übersichtsschema über das System der Formen (einem Paradigma) ab, wobei bereits von Anfang an der gesamte Ordnungsrahmen des Paradigmas als vorstrukturierte Lernhilfe zur Verfügung gestellt wird; die Konjugations- und Deklinationsklassen werden in der Regel parallel behandelt und schrittweise aufgebaut;
- nach der Formenlehre wird die **Satzlehre**, die Syntax, ebenfalls anhand von Beispielsätzen eingeführt und erläutert; dabei werden meist auch die Verwendungsmöglichkeiten des grammatischen Phänomens und Umformungs- bzw. Übersetzungsregeln für die Übertragung ins Deutsche beigefügt;
- in der Regel nach drei Lektionen werden am Ende von grammatischen Kapiteln auch Erscheinungen, die den Zusammenhang von Texten herstellen **(Textlehre)**, eingeführt und erklärt.

Der **Anhang** des GB (S. 139 ff.) enthält Hinweise zur Lautlehre und Tabellen zur Formenlehre des Nomens und des Verbums, eine Stammformenliste und Übersichten über die Präpositionen und Konjunktionen; abgeschlossen wird der GB mit einem Satzmodell der syntaktischen Funktionen und ihrer Füllungsarten auf dem Stand der Lektion 30.

Der Grammatische Begleitband ist einerseits ein auf das Übungsbuch hin ausgerichtetes **grammatisches Einführungs- und Arbeitsbuch**, andererseits aber auch als **Nachschlagewerk** für die häusliche Arbeit und für Wiederholungen gedacht, das Stoffdarbietung, Regeln und Erläuterungen übersichtlich zusammenstellt.

Dazu dienen Querverweise (z. B. → T 2.2), die erleichternde Bezüge zu bereits Gelerntem und die Einordnung des Lernstoffes in das System ermöglichen. Was wichtig zu merken ist, wird durch die Druckstärke und -größe, durch Merkkästen und Schaubilder mit ihrer optischen Unterlegung einprägsam vor Augen gestellt. An Verkehrszeichen angeglichene Hinweiszeichen fordern erhöhte Aufmerksamkeit und geben zusätzliche Lernsignale.

Die **Nachschlagearbeit** mit dem GB wird zusätzlich durch ein ausführliches Inhaltsverzeichnis am Anfang und durch ein Sachverzeichnis am Ende erleichtert.

Einführung

Latein war – auch nach dem Untergang des Römischen Reiches – vom Mittelalter bis in die Neuzeit die ‚internationale Sprache' der gelehrten Welt; die am Lateinischen entwickelte Lehre von der Sprache, die Grammatik, dient noch heute dazu, viele ‚lebende' Sprachen zu beschreiben, und die lateinische Sprache liefert die Begriffe dazu.

Die **Grammatik** beschäftigt sich mit dem **Wort**, mit dem **Satz** und mit dem **Text**; sprachliche Äußerungen entstehen nämlich im Allgemeinen dadurch, dass einzelne Wörter beim Sprechen oder Schreiben nach bestimmten Regeln zu Sätzen zusammengefügt und diese wiederum durch bestimmte Elemente zu Texten „verbunden" werden.

Wort

In der lateinischen Sprache gibt es veränderliche und unveränderliche Wörter. Veränderlich sind Nomina und Verben, unveränderlich sind Partikeln.

Das Verändern von Nomina nennt man **deklinieren**, das Verändern von Verben **konjugieren**.

Im Einzelnen unterscheidet man folgende **Wortarten**:

		Latein	*Deutsch*
1. Veränderliche Wörter			
1.1 Deklinierbare Wörter			
Substantiv	Namen-/Hauptwort	pater	Vater
Adjektiv	Eigenschaftswort	longus	lang
Artikel	Geschlechtswort	–	der, die, das
			ein, eine, eines
Pronomen	Fürwort	eum	ihn
Numerale	Zahlwort	duo	zwei
1.2 Konjugierbare Wörter			
Verbum	Tätigkeits-/Zeitwort	salūtāre	(be)grüßen
2. Unveränderliche Wörter			
Präposition	Verhältniswort	ex	aus
Adverb	Umstandswort	hodiē	heute
Konjunktion	Bindewort	et; sī	und; wenn
Interjektion	Ausrufswort	ā!	ach! ah!
Negation	Verneinungswort	nōn	nicht

Satz

Die verschiedenen Wortarten werden innerhalb des **Satzes** dazu verwendet, eine Aussage zu formulieren. Sie erfüllen im ‚Bau des Satzes' eine **syntaktische**[1] **Funktion** (Aufgabe), und zwar als:

1. **Subjekt** (Satzgegenstand)
2. **Prädikat** (Satzaussage)
3. **Objekt** (Satzergänzung)
4. **Adverbiale** (Umstandsbestimmung)
5. **Attribut** (Beifügung)

---

1) Die Lehre vom Satz wird als *Syntax* bezeichnet.

Satzmodell

Der **lateinische Satz** zeichnet sich durch eine ihm eigentümliche Klarheit und Durchsichtigkeit der Struktur aus. Er birgt streng voneinander zu unterscheidende **Positionen** in sich, sodass wir ihn in einem *Satzmodell* veranschaulichen können; an diesem wird zugleich das Wesen des Satzes, wie er sich in vielen anderen Sprachen darstellt, deutlich. Dies ist um so eher möglich, als das Lateinische nicht mehr gesprochen wird und sich die Merkmale seines Satzbaus nicht mehr verändern können.

S1 Dieses Satzmodell ist im Folgenden entwickelt. Alle sprachlichen Erscheinungen, die uns begegnen werden, lassen sich an einer der dort aufgezeichneten **fünf Positionen** in den Bau des Satzes, in das „Satzgerüst", einordnen, wo sie den **Gesamtsinn des Satzes mitbestimmen**. Diese Positionen sind freilich, je nach Betonung und Absicht des Sprechenden, **vertauschbar**. Unser Satzmodell ist also kein starres, unlebendiges Schema; es soll in seiner vorliegenden Form helfen stets die Übersicht über das im Grammatikunterricht Gelernte zu behalten und später beim Übersetzen aus dem Lateinischen alle Einzelerscheinungen im Blick auf das Gesamtgefüge eines Satzes zu erfassen.

S2 *Im Satzmodell:*

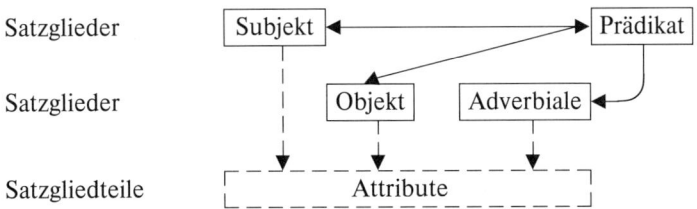

Diese fünf Positionen können in einem Satz **durch unterschiedliche** Wortarten und Wortverbindungen **gefüllt** sein; diese **erfüllen** dann die jeweilige **syntaktische Funktion**.

Satzglieder: Subjekt – Prädikat

Jeder Satz enthält eine Aussage über einen bestimmten Sachverhalt.
Nach den Baugesetzen der lateinischen wie der deutschen Sprache wirken hierzu als ‚**Grundpfeiler**' des Satzgerüstes **zwei Wörter** von verschiedener Art zusammen, in der Regel:

S3 Ein Nomen (deklinierbares Wort) als Satzgegenstand: **Subjekt**.
Dieses deklinierbare Wort kann sein ein:

Substantiv: Namen-/Hauptwort	*Pronomen:* Fürwort
Adjektiv: Eigenschaftswort	*Numerale:* Zahlwort

S4 Ein Verbum (Zeitwort/Tätigkeitswort) als Träger der Satzaussage: **Prädikat**.

S5 **Subjekt** und **Prädikat** bilden oft allein schon einen **vollständigen Satz** mit einer sinnvollen Aussage; dies hängt von der **Valenz (Wertigkeit)** des Verbums ab, d. h. von seiner Fähigkeit bestimmte Satzpositionen zu eröffnen. Der Satz besteht dann aus **zwei Satzgliedern**.

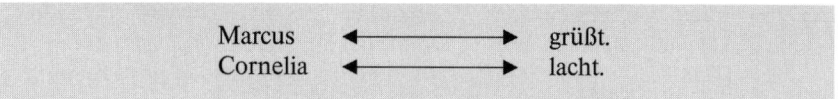

Satzglieder: Objekt – Adverbiale

In den meisten Fällen treten zum ‚einfachen' Satz (Subjekt – Prädikat) ergänzende Satzglieder hinzu.

S6 Viele **Verben** erfordern, wenn sie als Prädikat im Satzgerüst verwendet werden, aufgrund ihrer Bedeutung eine **Ergänzung**; erst dann wird die Aussage des Satzes vollständig.

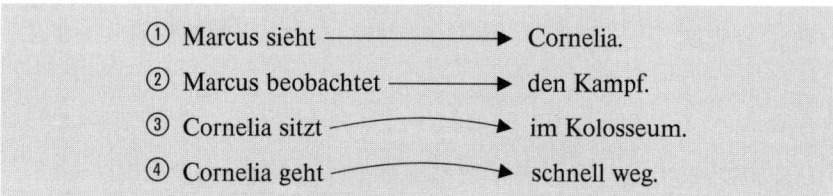

Solche Ergänzungen können also sein:
① ② das **Objekt** (ein Nomen der Ergänzung),
③ ④ das **Adverbiale** (eine präpositionale Verbindung oder ein Adverb).

S7 Oft erscheinen die Satzglieder Objekt und Adverbiale gemeinsam im Satz.

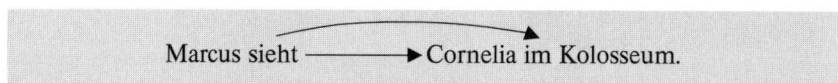

Erweiterungen durch Satzgliedteile: Attribute

S8 Zu den Satzgliedern können **Erweiterungen** treten, die zwar das, was der Sprechende im jeweiligen Satz ausdrücken will, entscheidend mitbestimmen, aber nicht als Träger des Satzgerüstes auftreten. Sie sind den Satzgliedern nur beigefügt: **Attribute**.

> Der *verliebte* Marcus sieht *seine Freundin* Cornelia im Theater *der Stadt*.

Im Satzmodell:

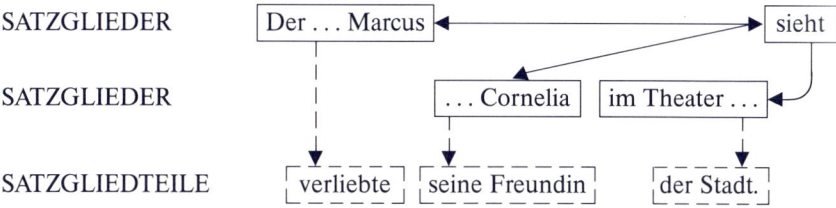

Text

Sätze sind in der Regel miteinander zu einem Text verbunden.
Diese innere Verbundenheit nennt man den **„Zusammenhang"** (die **Kohärenz**) des Textes.

T1 Der Zusammenhang des Textes wird durch verschiedene sprachliche Elemente erreicht.

Textbeispiel:

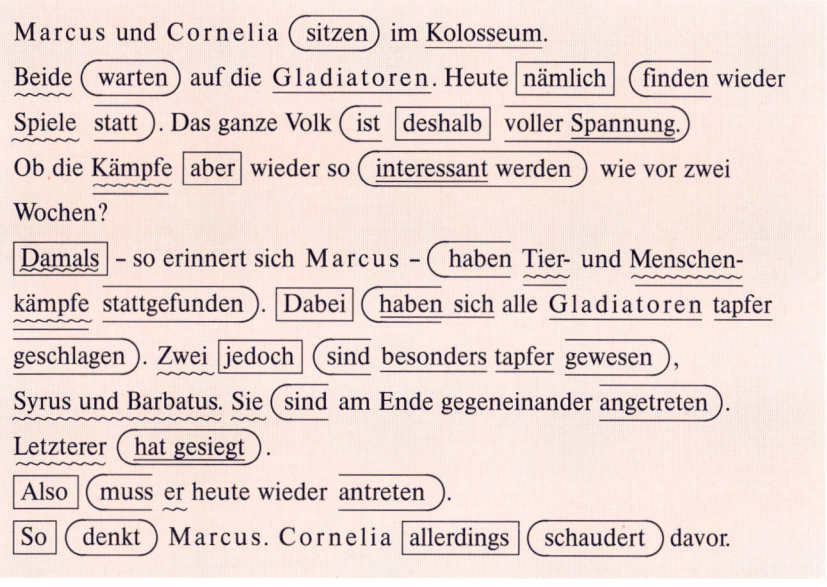

In diesem Text sind die Elemente, die den **Zusammenhang** (die **Kohärenz**) bewirken, jeweils verschieden markiert.

T2 Solche textaufbauenden Elemente sind besonders:

1. **Wortwiederholungen und Leitwörter:** Wörter (Eigennamen, Bezeichnungen, Begriffe), die dem Text feste Bezugspunkte geben und den Leser zum Thema hinleiten.
   Marcus, Cornelia, Gladiatoren ...

2. **Konnektoren:** Wörter (Konjunktionen, Adverbien), die die Sätze in eine innere, zumeist logische Verbindung bringen.

   nämlich ... deshalb ... aber ... damals ... dabei ... jedoch ... also ... so ... allerdings ...

3. **Sach- oder Bedeutungsfelder:** Wörter, die zu einem einheitlichen Sach- und Bedeutungsbereich gehören und das Thema des Textes vorrangig bestimmen.

   Kolosseum ... Gladiatoren ... Spannung, Kämpfe, interessant ... Tier- und Menschenkämpfe ... haben sich geschlagen ... Gladiatoren ... tapfer ... besonders tapfer ... hat gesiegt

4. **Zeiten-Verwendung:** Die verwendeten Zeiten, die dem dargestellten Geschehen oder Gedanken ein bestimmtes Gepräge geben, wobei ein Geschehenshintergrund und ein Geschehensvordergrund unterschieden werden.

   Präsens: Vergegenwärtigung der Situation, unmittelbares Erleben:

   sitzen ... warten ... finden ... statt ... ist voller Spannung, ... interessant werden

   Perfekt: Rückblende in ein vergangenes Geschehen, vor dem sich das augenblickliche Ereignis abspielt:

   haben stattgefunden, ... haben sich geschlagen, ... sind gewesen, ... sind angetreten, ... hat gesiegt

   Präsens: Wiederaufnahme der unmittelbaren Situation

   ... muss ... antreten ... denkt ... schaudert

5. **Verweis-Wörter (Pro-Formen):** Wörter (Nomina, Pronomina, Wortgruppen u. ä.), die auf Erwähntes zurück- und auf Kommendes vorausverweisen.

   (Marcus und Cornelia) ◄— beide – Spiele – ◄—► Kämpfe – ◄—► Tier- und Menschenkämpfe – (vor zwei Wochen) ◄— damals – (Gladiatoren) ◄— zwei —► Syrus und Barbatus ◄— sie ◄— (Barbatus) ◄— letzterer ◄— er

T3 Literarische Texte sind in den verschiedenen **Textsorten** jeweils anders angelegt. Solche Textsorten sind vor allem:

1. **Die Erzählung**
   Ein Geschehen wird innerhalb einer Geschichte, einer Episode, einer Fabel, einer Sage anschaulich und in einer zeitlichen Abfolge dargestellt; durch die Verwendung entsprechender Tempora und Konnektoren werden Spannung und Dramatik bewirkt (→ S. 80).

2. **Das Gespräch oder der Dialog**
   Personen (meist 1. und 2. Person) tauschen Mitteilungen, Gedanken, Wünsche, Überlegungen oder Annahmen miteinander aus, wobei die Sprecherrolle wechselt und die Aussagen (oft in Frage und Antwort, mit Unterbrechung usw.) eng ineinander greifen (→ S. 100).

3. Der Brief
Eine schreibende (1.) Person tritt mit einem Empfänger (2. Person) in einen mittelbaren Austausch von Informationen, Gedanken, Wünschen und Überlegungen, wobei auch über Ereignisse oder über andere (3.) Personen berichtet werden kann. Weitere Merkmale sind Einleitungs- und Schlussformeln (→ S. 109).

4. Die Beschreibung
Personen werden in ihrer Entscheidung, in ihrem Handeln und in ihrer Wesensart charakterisiert; Gegenstände und Vorgänge werden in ihrer Besonderheit und in ihrer Funktion eingehend und in geordneter Folge vorgestellt (→ S. 112 f.).

5. Die Erörterung
Über einen Sachverhalt, ein Problem, einen Plan, eine Erkenntnis wird sachlich-distanziert, in begründender Gedankenfolge, mit wertender Kritik gehandelt. Merkmale sind die vorherrschende Verwendung eines bestimmten Tempus (meist Präsens), Aussagen in vorsichtig zurückhaltender Formulierung (häufig im Konjunktiv, mit den Verben „können", „dürfen" u. ä.) und die Bevorzugung eines unterordnenden Satzbaus.

Die beschriebenen Textsorten treten in der Literatur meist in gemischter Form auf; so können sich z. B. in der Beschreibung einer Person eine wörtliche Rede oder in einem Erzähltext eine Beschreibung finden.

1

Prädikat: Dritte Person Singular des Verbums
Subjekt: Nominativ Singular des Substantivs
Adverbiale: Adverbien zur Angabe eines Umstandes
Zu den Satzgliedern
Textlehre: Wortwiederholungen und Leitwörter

G1 Prädikat: Dritte Person Singular des Verbums

Ein Satz besteht in seiner einfachsten Form aus **Subjekt** (Satzgegenstand) und **Prädikat** (Satzaussage) (→ S 5). In vielen Fällen ist ein Satz jedoch nur dann vollständig, wenn eine Ergänzung, z. B. das Adverbiale, dazutritt (→ S 6/7). Dies hängt von der Valenz (Wertigkeit) des Verbums ab.

① Populus clāmat.   Das Volk schreit.
② Nam ibī imperātor venit. Denn dort kommt der Kaiser.
③ Cornēlia valdē gaudet.   Cornelia freut sich sehr.
④ Nunc plaudit.   Sie klatscht nun Beifall.

1.1 Das **Prädikat** wird durch ein **Verbum** (Zeitwort) ausgedrückt. Wenn nur über **eine** Person oder Sache gesprochen wird, steht das Verbum, das die **syntaktische Funktion** (Aufgabe) des Prädikats erfüllt, im Singular (Einzahl).

Das **Person-Zeichen** für die 3. Person Singular lautet **-t**.

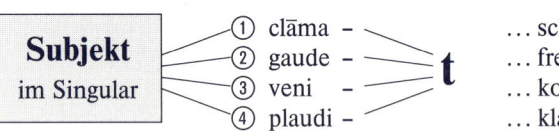

1.2 Das **Prädikat** steht im Lateinischen in der Regel am **Satzende**. Aus Gründen der Betonung kann es aber auch vor dem Subjekt stehen:

        Mārcus clāmat.   Marcus schreit.
Aber: Clāmat et Mārcus.   Es schreit auch Marcus.

G2 Subjekt: Nominativ Singular des Substantivs

2.1 Das **Subjekt** wird meist durch ein **Substantiv** (Hauptwort) ausgedrückt. Ein Substantiv, das die **syntaktische Funktion** (Aufgabe) des Subjekts erfüllt, steht im **Nominativ** (1. Fall).

① Populus ——   **Prädikat**   Das Volk …
② Imperātor ——   im Singular   Der Kaiser …
③ Cornēlia ——   Cornelia …

Die Wortform des Subjekts (Nominativ) und die des Prädikats (Person-Zeichen) sind aufeinander bezogen und voneinander abhängig.

Im Satzmodell:

2.2 Die **Position (Stelle)** des **Subjekts** kann im Lateinischen auch **leer** bleiben. Das Subjekt wird dann **allein** am **Person-Zeichen** (z. B. **-t**) erkennbar.

Im Deutschen wird das Subjekt hier durch ein **Pronomen** (Fürwort) ausgedrückt, das die Person angibt.

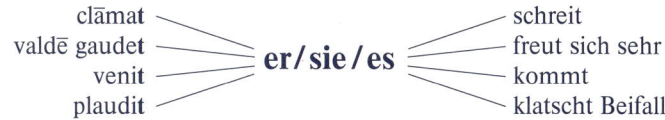

Im Satzmodell:

2.3 Wenn nur über **eine** Person oder Sache eine Aussage gemacht wird, so steht das Subjekt im **Nominativ Singular**.

▶ Die Substantive enden im Nominativ jeweils verschieden:

-a	-us	-um	-or	-ul	-er
patria	tribūnus	spectāculum	imperātor	cōnsul	pater
(die) Heimat *(eine)*	*(der)* Tribun *(ein)*	*(das)* Schauspiel *(ein)*	*(der)* Kaiser *(ein)*	*(der)* Konsul *(ein)*	*(der)* Vater *(ein)*
Femininum	Maskulinum	Neutrum	Maskulinum		

▶ Das **Wortende** eines Substantivs weist oft auf sein **Genus** (Geschlecht) hin. Das Genus eines lateinischen Wortes stimmt mit dem Genus seiner deutschen Entsprechung nicht immer überein.

 Im Lateinischen gibt es keinen Artikel. Ob z. B. *imperātor* mit *der Kaiser, ein Kaiser* oder *Kaiser* übersetzt wird, ergibt sich allein aus dem Sinn eines Satzes oder aus dem größeren Textzusammenhang (Kontext).

▶ Zu den **Substantiven** gehören auch die **Eigennamen**; auch sie enden verschieden: Mārcus, Cornēlia, Caesar, Iūppiter, Apollō.

1 G3 Adverbiale: Adverbien zur Angabe eines Umstandes

3.1 Die Position des **Adverbiales** wird häufig durch ein oder mehrere **Adverbien** gefüllt. Diese drücken einen **Umstand des Ortes** (*ibī*: dort ②), **der Zeit** (*nunc*: jetzt ④) oder **der Art und Weise** (*valdē*: sehr ③) aus.

3.2 Das **Adverbiale** kann **an verschiedenen Stellen** im Satz auftreten; wenn es z. B. **vor** dem Subjekt steht, so ist es besonders **betont**:

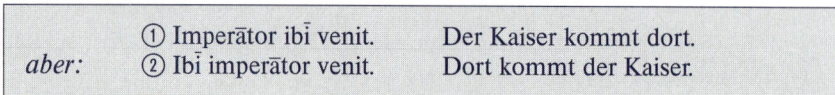

aber: ① Imperātor ibī venit.   Der Kaiser kommt dort.
         ② Ibī imperātor venit.   Dort kommt der Kaiser.

Im Satzmodell:

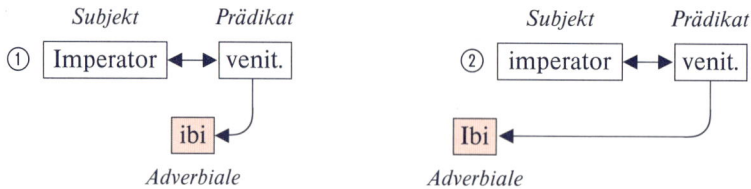

G4 Zu den Satzgliedern

4.1 Woran erkennt man die Satzglieder?

▶ Das **Prädikat** ist in der Regel eine Verbform mit einem Person-Zeichen.

Es sagt aus,
> WAS DAS SUBJEKT TUT, IST ODER ERLEIDET,
> WAS IST ODER GESCHIEHT.

▶ Das **Subjekt**, das vom Prädikat abhängt und mit ihm in einer engen Beziehung verbunden ist, steht im Nominativ.

Es gibt an,
> WER HANDELT,
> WER ETWAS IST ODER ERLEIDET,
> WAS IST ODER WAS GESCHIEHT.

▶ Das **Adverbiale**, das entweder vom Prädikat als Ergänzung gefordert ist oder dieses näher bestimmt, gibt Antwort auf die Fragen:
> WO? WANN? WIE? WARUM?

4.2 Welche Wörter werden zu welchen Satzgliedern?

Wortarten:	Substantiv	Adverb	Verbum
Wortformen:	Nominativ		3. Pers. Singular
z. B.:	Populus Imperātor Cornēlia	valdē Nunc	clāmat. venit. gaudet. plaudit.
Satzglieder:	Subjekt	Adverbiale	Prädikat

T Wortwiederholungen und Leitwörter

In jedem Text **wiederholen** sich bestimmte Wörter (Eigennamen, Bezeichnungen, Verben u. ä.). Solche Wörter ziehen die Aufmerksamkeit des Lesers auf sich; sie sind gewissermaßen feste Punkte im Text, um die sich die Aussagen gruppieren. Oft wirken sie als **Leitwörter**, d. h. sie ‚leiten' den Leser zum Thema, das im Text vorrangig behandelt wird.

Wortwiederholungen und **Leitwörter** dienen dazu, den **Zusammenhang** (die **Kohärenz**) eines Textes zu verdeutlichen und zu verstärken (→ T 2.1).

Im Haupttext von Lektion 1 wiederholen sich z. B. die Bezeichnungen *Caesar*, *imperātor*, der Name *Mārcus* und die Verbalaussagen *clāmat*, *plaudit*.

2 Prädikat: Dritte Person Plural des Verbums – Konjugationsklassen
Subjekt: Nominativ Plural des Substantivs
Attribut, Prädikatsnomen, Praedicativum: Adjektiv

G1 Prädikat: Dritte Person Plural des Verbums – Konjugationsklassen

> ① Mārcus et Cornēlia ibī stant.   Marcus und Cornelia stehen dort.
> ② Gaudent.   Sie freuen sich.
> ③ Nam senātōrēs veniunt.   Denn die Senatoren kommen.
> ④ Multī plaudunt.   Viele klatschen Beifall.
> ⑤ Hominēs laetī sunt.   Die Menschen sind froh.

1.1 Wenn über **zwei** oder **mehr** Personen oder Sachen eine Aussage gemacht wird, so steht das Verbum, das die **syntaktische Funktion** (Aufgabe) des Prädikats erfüllt, im **Plural**.

Das **Person-Zeichen** für die **3. Person Plural** (Mehrzahl) lautet **-nt**.

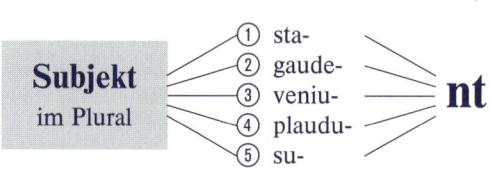
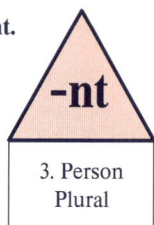

1.2 Bestandteile des Verbums

Bei einem Vergleich der 3. Person Singular mit der 3. Person Plural wird deutlich, dass beide Verbformen **zwei Bestandteile** haben:
- einen **unveränderlichen**, der die Bedeutung trägt und **Präsens-Stamm** genannt wird,
- einen **veränderlichen**, der Aufschluss über die **Person** gibt (Signalteil) und **Endung** genannt wird.

Bei den bisher bekannten Verbformen besteht die **Endung** aus dem **Person-Zeichen** und gegebenenfalls einem **Bindevokal**.

Wir unterscheiden demnach folgende **Bestandteile des Verbums** im Präsens:

Präsens-Stamm	Endung	
	Person-Zeichen	
clām — a	— nt	
gaud — e	— nt	
ven — i	— u — nt	
plaud —	— u — nt	
Kennvokal	Bindevokal[1]	
Bedeutung tragender Bestandteil	*Signalteil*	

[1] → 1.3

1.3 Die Konjugationsklassen

> Wenn das Verbum in die verschiedenen Personen des Singulars und Plurals gesetzt wird, wird es **konjugiert** (gebeugt). Die Veränderung des Verbums, z. B. nach Person und Numerus (Zahl), nennt man **Konjugation** (Beugung).

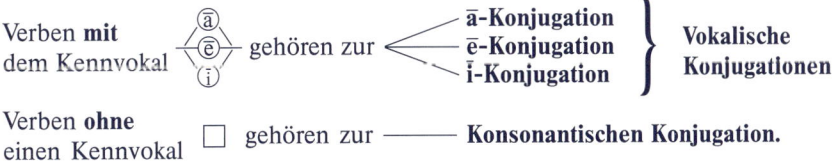

▶ Zwischen den Präsens-Stamm und das Person-Zeichen tritt in der 3. Person Plural der **Bindevokal** -*u*-

– bei Verben der ī-Konjugation (veni-*u*-**nt**),
– bei Verben der Konsonantischen Konjugation (plaud-*u*-**nt**).

▶ Zwischen den Präsens-Stamm und das Person-Zeichen tritt in der 3. Person Singular der **Bindevokal** -*i*-

– bei Verben der Konsonantischen Konjugation (plaud-*i*-t).

1.4 Das Konjugationsschema

In das **Konjugationsschema**, das als ordnende Übersicht dient, können wir bereits die 3. Person Singular und die 3. Person Plural eintragen:

		Lateinisch					Deutsch				
		ā-Konj.	ē-Konj.	ī-Konj.	Kons. Konj.						
Singular	1. Pers.										
	2. Pers.										
	3. Pers.	voca t	tace t	veni t	dīci t	es t	er/sie/es ruft	schweigt	kommt	sagt	ist
Plural	1. Pers.										
	2. Pers.										
	3. Pers.	voca nt	tace nt	veni unt	dīc unt	s unt	sie rufen	schweigen	kommen	sagen	sind

G2 Subjekt: Nominativ Plural des Substantivs

Das Subjekt wird nun im Plural gebraucht. Die jeweiligen Substantive, die die Funktion des Subjekts erfüllen, sehen auch im Nominativ Plural an ihrem Wortende wieder unterschiedlich aus:

	-a	-us	-um	-or	-ul	-ō	-er
N. Sg.	amīca (die) Freundin (eine)	servus (der) Sklave (ein)	templum (der) Tempel (ein)	senātor (der) Senator (ein)	cōnsul (der) Konsul (ein)	homō (der) Mensch (ein)	pater (der) Vater (ein)
	-ae	-ī	-a	-ōrēs	-ulēs	-inēs	-rēs
N. Pl.	amīcae (die) Freundinnen	servī (die) Sklaven	templa (die) Tempel	senātōrēs (die) Senatoren	cōnsulēs (die) Konsuln	hominēs (die) Menschen	patrēs (die) Väter
	Femininum	Maskulinum	Neutrum	Maskulinum			

Die Form eines Substantivs wird durch den **Kasus** (Fall), in dem es steht, den **Numerus** (Zahl: Singular oder Plural) und sein **Genus** (Geschlecht) bestimmt.

G3 Attribut, Prädikatsnomen, Praedicativum: Adjektiv

3.1 Das Adjektiv als Attribut

> Das **Adjektiv** bezeichnet Eigenschaften, beschreibt Merkmale oder gibt eine Herkunft an; es kann als nähere Bestimmung zu einem Substantiv hinzutreten.
>
> Das Adjektiv erfüllt dann die **syntaktische Funktion** (Aufgabe) eines **Attributs**.

① Populus laetus clāmat.   Das fröhliche Volk schreit.
② Serva nova tacet.   Die neue Sklavin schweigt.
③ Templum altum ibī stat.   Ein hoher Tempel steht dort.
④ Senātōrēs clārī veniunt.   Berühmte Senatoren kommen.

▶ **Erscheinungsform**

Nominativ Singular	Nominativ Plural	Genus
laetus	laetī	Maskulinum
laeta	laetae	Femininum
laetum	laeta	Neutrum

Zur Deklination → Tab. I₂ (S. 146)

2 ▶ Kongruenz

Das **Adjektiv stimmt** mit dem Substantiv, auf das es sich bezieht, in **Kasus** (Fall), **Numerus** (Zahl) und **Genus** (Geschlecht) überein; diese Übereinstimmung nennt man **Kongruenz**.

① pop**ul**us laet**us**   das fröhliche Volk
② serv**a** nov**a**   die neue Sklavin
③ templ**um** alt**um**   der hohe Tempel
④ senātōr**ēs** clār**ī**   berühmte Senatoren

Im Satzmodell:

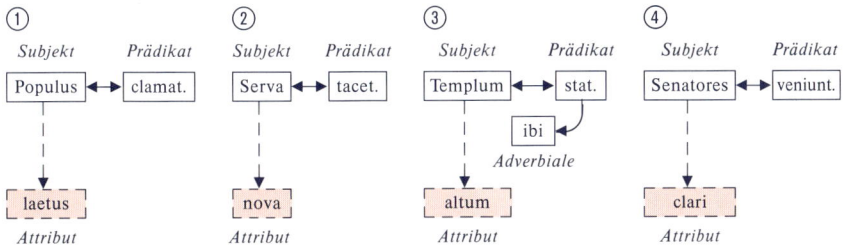

3.2 Das Adjektiv als Prädikatsnomen

Das Hilfszeitwort „sein" benötigt in einem Satz als Ergänzung ein **Prädikatsnomen** (meist ein Adjektiv oder Substantiv).
Man nennt das Hilfszeitwort in dieser Verwendung **Copula**.

① Cornēlia **bona** est.   Cornelia ist tüchtig.
② Cornēlia **magistra** est.   Cornelia ist eine Lehrerin.
③ Cornēlia **magistra bona** est.   Cornelia ist eine tüchtige Lehrerin.
④ Amīcae **bonae** sunt.   Die Freundinnen sind tüchtig.

▶ Das **Adjektiv** geht als Prädikatsnomen mit der Copula EST eine enge Verbindung ein; nur zusammen bilden sie ein vollständiges Prädikat.

▶ Das Adjektiv als Prädikatsnomen stimmt mit seinem Beziehungswort, hier dem Subjekt, überein, und zwar in **Kasus**, **Numerus** und **Genus** (Kongruenz) ① ④.

▶ Die Aufgabe des Prädikatsnomens kann auch ein **Substantiv** übernehmen ②; dieses kann durch ein **adjektivisches Attribut** näher bestimmt sein ③.

Im Satzmodell:

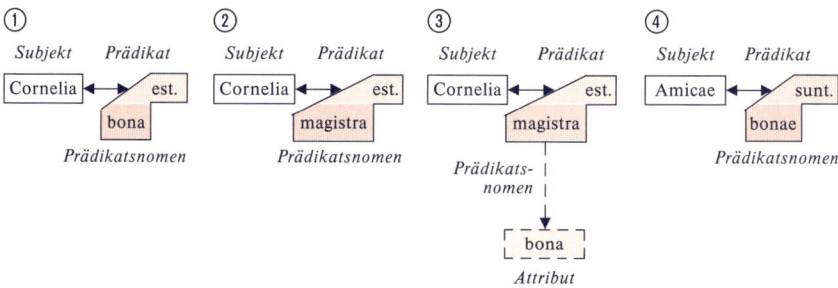

3.3 Das Adjektiv als Praedicativum

① Senātōrēs **laetī** sunt. Die Senatoren sind fröhlich.
② Senātōrēs **ibī** veniunt. Die Senatoren kommen dort.
③ Senātōrēs **laetī** veniunt. Die Senatoren kommen
in fröhlicher Stimmung.

In ① bildet das Adjektiv *laetī* als **Prädikatsnomen** zusammen mit der Copula *sunt* das Prädikat.
In ② bestimmt das Adverb *ibī* als **Adverbiale** das Prädikat näher.
In ③ bestimmt das Adjektiv *laetī* den seelischen Zustand näher, in dem das Subjekt den Prädikatsvorgang vollzieht.
Das Adjektiv ist in diesem Falle verwendet als

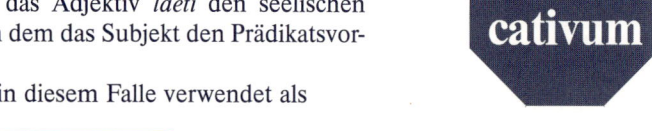

▶ Nach der **Form** stimmt das Praedicativum *laetī* in **K**asus, **N**umerus und **G**enus mit dem Subjekt *senātōrēs* überein.
▶ Nach der **Funktion** bestimmt das Praedicativum *laetī* wie ein Adverbiale den Prädikatsvorgang *veniunt*.

Man kann das Praedicativum sinnentsprechend auch mit einem Gliedsatz wiedergeben:
wobei/während sie in fröhlicher Stimmung sind.

Das Praedicativum erfüllt demnach die **syntaktische Funktion** (Aufgabe) des **Adverbiales**.

Im Satzmodell:

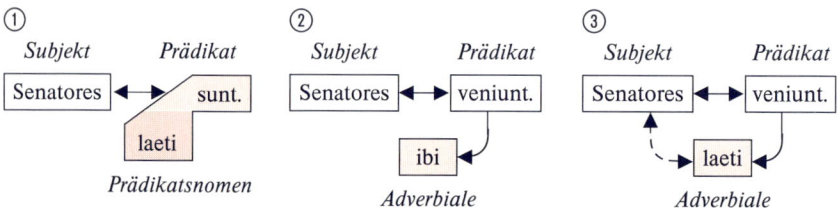

2 ▶ *Beachte:*
Das Beziehungswort und das Adjektiv, die miteinander in **K**asus, **N**umerus und **G**enus kongruieren (übereinstimmen), können das gleiche Wortende haben, sie müssen es aber nicht haben, z. B.

Ibī mul**tī** ser**vī** stant.	Dort stehen viele Sklaven.
Amī**cae** lae**tae** sunt.	Die Freundinnen sind froh gelaunt.
Temp**lum** al**tum** est.	Der Tempel ist hoch.
aber:	
Senā**tor** clā**rus** venit.	Der berühmte Senator kommt.
Cōnsu**lēs** bo**nī** sunt.	Die Konsuln sind tüchtig.
Ibī pa**ter** lae**tus** stat.	Dort steht der Vater froh gelaunt.

3 Prädikat: Erste und zweite Person Singular und Plural des Verbums
Infinitiv – Subjekts-, Objektsinfinitiv
Beiordnende und unterordnende Konjunktionen
Textlehre: Konnektoren

G1 Prädikat: Erste und zweite Person Singular und Plural des Verbums

1.1

① Cūr ibī stās, Mārce?[1]	Warum stehst du dort, Marcus?
Quid agis, amīce?[1]	Was treibst du, mein Freund?
Cūr nōn respondēs,	Warum antwortest du nicht,
nōn venīs,	warum kommst du nicht,
nōn laetus es?	warum bist du nicht froh?
② Studeō, dubitō, veniō,	Ich bemühe mich, zögere, komme,
lūdō, laetus sum.	spiele, ich bin froh.
③ Cūr ibī stātis?	Warum steht ihr dort?
Quid agitis, amīcī?[1]	Was treibt ihr, Freunde?
Cūr nōn respondētis,	Warum antwortet ihr nicht,
nōn venītis,	warum kommt ihr nicht,
nōn laetī estis?	warum seid ihr nicht froh?
④ Studēmus, dubitāmus,	Wir bemühen uns, zögern
venīmus, lūdimus,	kommen, spielen,
laetī sumus.	wir sind froh.

1) Diese Formen von Eigennamen und Substantiven sind **Anreden**; der Kasus für die Anrede hat im Lateinischen eine eigene Bezeichnung: **Vokativ**. Bei fast allen Substantiven lauten die Formen des Vokativs genauso wie die Formen des Nominativs, z. B. *amīcī, cōnsul, Cornēlia*. Nur die Substantive auf *-us* haben im Vokativ Singular eine Sonderform, z. B. *Mārce, amīce*.

In diesem Gespräch (Dialog → T. 3.2) begegnen **Personen**, die **sprechen**, und **Personen, die angesprochen werden**.

▶ Die **sprechende Person** ist die **1. Person**. Das Person-Zeichen lautet für die 1. Person im **Singular -ō**, im **Plural -mus**.

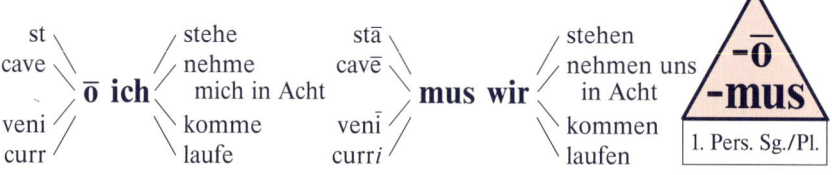

▶ Die Person, die angesprochen wird, ist die **2. Person**. Das Person-Zeichen lautet für die 2. Person im **Singular -s**, im **Plural -tis**.

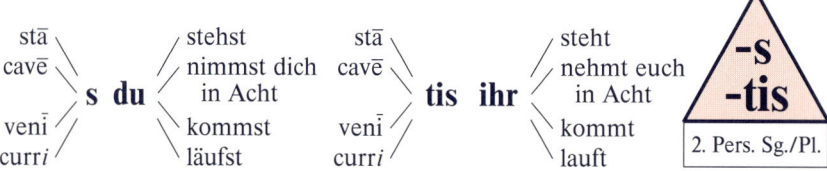

1.2 An den **konjugierten** (gebeugten) Formen des Verbums werden Bestandteile erkennbar, die **Person** und **Numerus** kennzeichnen.
Diese Person-Zeichen, die im **Indikativ** (in der Wirklichkeitsform) an den Präsens-Stamm treten, lauten:

	Singular	Plural
1. Person	-ō	-mus
2. Person	-s	-tis
3. Person	-t	-nt

Beachte: sum – ich bin

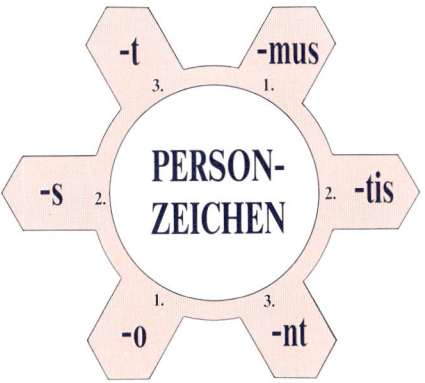

1.3 In das **Konjugationsschema**, das als ordnende Übersicht dient, können wir jetzt alle Personen im Singular und Plural eintragen:

		Lateinisch					Deutsch				
		ā-Konj.	ē-Konj.	ī-Konj.	Kons. Konj.						
Singular	1. Pers.	vóco	táceo	vénio	díco	sum	**ich** rufe	schweige	komme	sage	bin
	2. Pers.	vócās	tácēs	vénīs	dícis	es	**du** rufst	schweigst	kommst	sagst	bist
	3. Pers.	vócat	tácet	vénit	dícit	est	**er sie es** ruft	schweigt	kommt	sagt	ist
Plural	1. Pers.	vocámus	tacēmus	venímus	dícimus	sumus	**wir** rufen	schweigen	kommen	sagen	sind
	2. Pers.	vocátis	tacētis	venītis	dícitis	estis	**ihr** ruft	schweigt	kommt	sagt	seid
	3. Pers.	vócant	tácent	véniunt	dícunt	sunt	**sie** rufen	schweigen	kommen	sagen	sind

→ Tab. V₁ (S. 151)

Erläuterungen: vocō < *voca-ō (Kontraktion → L 19)
dícis, dícimus, dícitis ⎫
véniunt, dícunt   ⎬ Bindevokale → 2 G1.3 und L 20.1

3 G2 Infinitiv

① Cūr dubitās { intrāre? / respondēre? / venīre? } Warum zögerst du { einzutreten? / zu antworten? / zu kommen? }
② Cūr nōn licet lūdere? Warum ist es nicht erlaubt zu spielen?
③ Cūr nōn iuvat ibi **esse**, ubī multī hominēs sunt? Warum macht es keinen Spaß, dort zu sein, wo viele Menschen sind?

2.1 Den Infinitiv erkennt man an der Endung **-re**. Diese ist an den jeweiligen Präsens-Stamm in folgender Weise angefügt:

		Präsens-Stamm – Endung		
ā- ē- ī-	Konjugation	vocā́ tacḗ venī́	**re** **re** **re**	rufen schweigen kommen
Kons. Konjugation		dīc	ĕ — **re** Binde- vokal	sagen
2.2 SUM		ES	SE¹	sein

1) Der Präsens-Stamm von ESSE lautet ES- bzw. S-; demnach **ES**-T; **S**-U-NT.

2.3 Infinitiv als Subjekt und Objekt

① Legere iuvat. Es macht Spaß zu lesen./Lesen macht Spaß.
② Marcus legere amat. Marcus liebt es zu lesen./Marcus liebt das Lesen.

Der Infinitiv kann im Satz die **syntaktische Funktion** (Aufgabe) des **Subjekts** (→ S 3) übernehmen (① Frage: *„Was macht Spaß?"*). Wir nennen ihn in dieser Verwendung **Subjektsinfinitiv**.

Der Infinitiv kann im Satz die **syntaktische Funktion** (Aufgabe) des **Objekts** (→ S 6) übernehmen (② Frage: *„Was liebt Marcus?"*). Wir nennen ihn in dieser Verwendung **Objektsinfinitiv**.

Im Satzmodell:

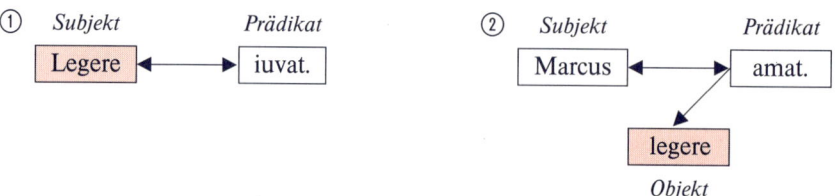

3 G3 Beiordnende und unterordnende Konjunktionen

> Sätze können als Hauptsätze unabhängig nebeneinander stehen; sie sind dann ‚beigeordnet' und oft durch eine **beiordnende Konjunktion** (Verbindungswort) miteinander verbunden.
> Sätze können aber auch voneinander abhängig sein; der eine Satz ist dann als Hauptsatz ‚übergeordnet', der andere ‚untergeordnet'. Der untergeordnete Satz ist mit dem übergeordneten durch eine **unterordnende Konjunktion** (auch **Subjunktion** genannt) verbunden.
> Konjunktionen kennzeichnen zumeist ein **zeitliches** oder **logisches Verhältnis** zwischen den Sätzen, die sie miteinander verbinden.

① Studeō et legō;   Ich studiere und lese;
  nam studēre et legere   denn es macht Spaß, sich zu bilden
  iuvat.   und zu lesen.
② Nēmō nihil agit,   Niemand tut nichts,
  dum studet et legit.   während er studiert und liest.

3.1 Beiordnende Konjunktionen sind z. B.

et	und	**nam**	denn, nämlich
autem	aber	**itaque**	deshalb
etiam	auch		

3.2 Unterordnende Konjunktionen sind z. B.

dum	während	**ut**	wie
quod	weil	**ubī**	wo

T Konnektoren

Konjunktionen sind ebenso wie **gliedernde Adverbien** (z. B. *nunc, tum, hīc, ibī, certē, iam*) Wörter, die sprachliche Äußerungen zu größeren Einheiten verbinden. Auf diese Weise werden Sätze zu einer zusammenhängenden Darstellung (z. B. zu einer Geschichte oder zu einem Gespräch); sie werden zu einem **Text** (einem Satz-‚Gewebe').
Man nennt solche Verbindungswörter, die den **Zusammenhang** (die **Kohärenz**) eines Textes hauptsächlich bedingen, **Konnektoren** (→ T 2.2).

4 Akkusativ – Deklinationsklassen
Objekt: Nomen im Akkusativ
Adverbiale: Akkusativ zur Angabe der Zeit und der Richtung

G1 Akkusativ – Deklinationsklassen

> Der aus Subjekt und Prädikat bestehende Satz bedarf zumeist eines **Objekts** als Ergänzung; erst dann wird der Satz syntaktisch vollständig. Dies hängt von der Valenz (Wertigkeit) des Verbums ab (→ S 6), z. B.: Marcus begrüßt ⟶ den Vater.
> Das **Objekt im Akkusativ** (4. Fall) gibt das Ziel an, auf das die Tätigkeit des Subjekts gerichtet ist.

① Quis nōn | Wer liebt nicht
vītam laetam, | ein angenehmes Leben,
Circum Māximum, | den Circus Maximus,
spectāculum, | ein Schauspiel,
imperātōrem | den Kaiser?
amat? |
② Quis nōn | Wer will nicht gerne
viās lātās, | breite Straßen,
amīcōs laetōs, | frohe Freunde,
templa nova, | neue Tempel,
multōs hominēs | viele Menschen
studet vidēre? | sehen?

1.1 Bildung

Substantive, die im **Akkusativ** als Objekt zu einem Prädikat treten, erkennt man oft bereits an ihrem **Wortende**. Ihre **Endung** zeigt an, dass sich der **Kasus** geändert hat.

▶ Das **Kasus-Zeichen** (**die Endung**) für den Akkusativ lautet bei Femininum und Maskulinum:

im Singular	-m
im Plural	-s

▶ Diese **Endung** tritt jeweils an den **Wortstamm**; dieser kann auf einen **Vokal** oder **Konsonanten** enden.
Wir unterscheiden deshalb zwischen **Vokalischen Deklinationen** (z. B. ā-/o-Deklination) und einer **Konsonantischen Deklination**.

1.2 Bestandteile des Substantivs – Deklinationsklassen

Deklinationsklasse	Wortstamm	Endung	
		Kennvokal	Bindevokal
ā-Deklination	amīc	a	m
o-Deklination	serv	ō	s[1)]
Konsonantische Deklination	imperātōr	e	m
	homin	ē	s
	patr	ē	s
	Wortstock	Ausgang	

[1)] Im Akk. Sg. tritt der Kennvokal -o- nicht in Erscheinung: *servum* < * *servom*.

Beachte:
Der **Kasus eines Substantivs** lässt sich zumeist am **Ausgang des Wortes** erkennen.

Der **Akkusativ** ist demnach jeweils an den folgenden **Ausgängen** zu erkennen:

AUSGÄNGE DER DEKLINATIONEN						
	ā-Dekl.		o-Dekl.		Kons. Dekl.	
	Sg.	Pl.	Sg.	Pl.	Sg.	Pl.
Nominativ	-a	-ae	-us/-um	-ī/-a	-/-s	-ēs
Genitiv						
Dativ						
Akkusativ	-am	-ās	-um	-ōs/-a	-em	-ēs
Ablativ						

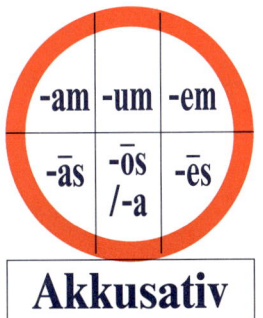

Die **Neutra auf -um** gehören zur **o-Deklination** (*-um* < *-om*); bei ihnen lauten der Nominativ und Akkusativ gleich:

	Singular	Plural
Nom.	templ-**um**	templ-**a**
Akk.	templ-**um**	templ-**a**

Adjektive auf -us, -a, -um werden wie die Substantive auf **-us**, auf **-a**, auf **-um** dekliniert. → Tab. I$_2$ (S. 146)

1.3 Deklinationsschema

In das Deklinationsschema, das als ordnende Übersicht dient, können wir bereits Nominativ und Akkusativ eintragen:

	ā-Deklination Femininum		o-Deklination				Konsonantische Deklination Maskulinum			
			Maskulinum		Neutrum					
	Sg.	Pl.	Sg.	Pl.	Sg.	Pl.	Sg.	Pl.	Sg.	Pl.
Nominativ	amīca	amīcae	servus	servī	templum	templa	senātor	senātōrēs	homō	hominēs
Genitiv										
Dativ										
Akkusativ	amīcam	amīcās	servum	servōs	templum	templa	senātōrem	senātōrēs	hominem	hominēs
Ablativ										

Entsprechend: *pater – patrēs, patrem – patrēs*

Erläuterungen: Nom. Sg. der ā-Dekl.: *amīca* (reiner Wortstamm, ohne Endung)
Nom. Pl. der ā-Dekl.: *amīcae* (-ae < a + Endung -i)

Nom. Sg. der o-Dekl.: *servus* (-us < o + Endung -s)
Nom. Pl. der o-Dekl.: *servī* (-i < o + Endung -i)

Nom. Sg. der Kons. Dekl.: *senātor, cōnsul* (reiner Wortstamm, ohne Endung)
homō und *pater:* Sonderprägungen (Wortstamm *homin-, patr-*)

G2 Objekt: Nomen im Akkusativ

① Mārcus **forum** laudat.   Marcus lobt das Forum.
② **Circum** autem Titus laudat.   Die Rennbahn aber lobt Titus.
③ Cornēlia **viās lātās** amat.   Cornelia liebt breite Straßen.

2.1 Der **Akkusativ** erfüllt im Satz die **syntaktische Funktion** (Aufgabe) des **Objekts**.

▶ Das direkte Objekt (① *forum,* ② *circum* ③ *viās lātās*) heißt **Akkusativobjekt.**

> Das Akkusativobjekt gibt an,
>
>   WEN oder WAS (Titus lobt / Cornelia liebt).

▶ Bestimmte Verben (z. B. begrüßen, erwarten, verwunden) erfordern als Ergänzung ein Akkusativobjekt (→ S 6). Diese Gruppe von Verben nennt man **transitive Verben**.

2.2 Das **Akkusativobjekt** steht in der Regel **zwischen** Subjekt und Prädikat ①. Wenn es **vor dem Subjekt** steht ②, so ist es – wie im Deutschen – stark **betont**.

Im Satzmodell:

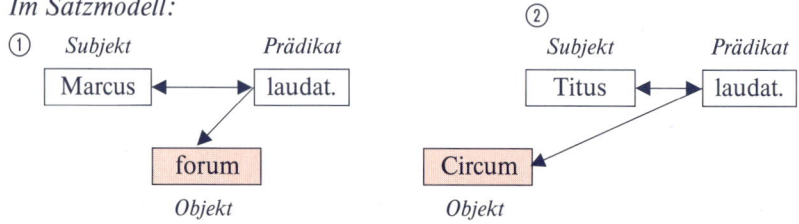

2.3 Auch das **Akkusativobjekt** kann durch ein adjektivisches **Attribut** erweitert sein (z. B. ③ *viās lātās*).

Im Satzmodell:

③

```
Subjekt           Prädikat
Cornelia  ◄────►  amat.
              │
              ▼
Objekt    vias
              │
              ▼
          latas
         Attribut
```

2.4 Ein Adjektiv, das als Attribut zu einem Substantiv im Akkusativ tritt, stimmt in **K**asus, **N**umerus und **G**enus mit diesem überein. (Kongruenz → 2 G 3.1)

KöNiGs-Regel der Kongruenz

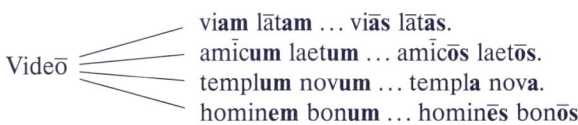

Video
- vi**am** lāt**am** … vi**ās** lāt**ās**.
- amīc**um** laet**um** … amīc**ōs** laet**ōs**.
- templ**um** nov**um** … templ**a** nov**a**.
- homin**em** bon**um** … homin**ēs** bon**ōs**.

G3 Adverbiale: Akkusativ zur Angabe der Zeit und der Richtung

① Domitilla **multās hōrās** ambulat.	Domitilla geht **viele Stunden (lang)** spazieren.
② Tum **in forum** currit.	Dann eilt sie **zum Forum**.
③ Nam hodiē multī mercātōrēs **Rōmam** veniunt.	Denn heute kommen viele Kaufleute **nach Rom**.

3.1 Der bloße Akkusativ kann wie im Deutschen eine **Zeitangabe der Dauer** (z. B. *multās hōrās* ①) ausdrücken. Frage: WIE LANGE?

3.2 Der **Akkusativ** kann auch eine **Richtungsangabe** ausdrücken (Frage: WOHIN?):
▶ in **präpositionaler Verbindung** (z. B. *in forum* ②)
▶ als **bloßer Akkusativ** bei Ortsnamen (z. B. *Rōmam* ③)

In diesen Fällen erfüllt der Akkusativ im Satz die **syntaktische Funktion** (Aufgabe) des **Adverbiales**.

Im Satzmodell:

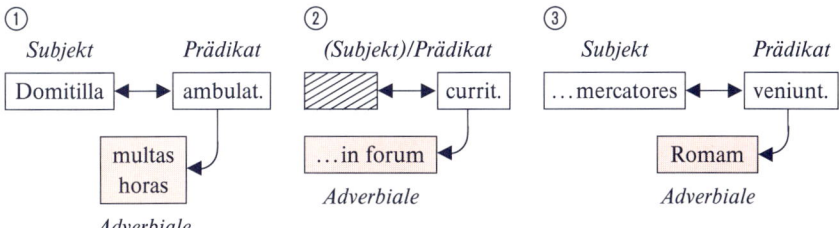

5 Adverbiale und Objekt:
Ablativ in präpositionaler Verbindung-Grundfunktionen
Präposition IN mit Ablativ und Akkusativ

G1 Ablativ in präpositionaler Verbindung

① Mārcus **in forō** stat. — Marcus steht auf dem Forum.
② Māgnā **cum cūrā** multa dēliberat. — Mit großer Sorge denkt er über vieles nach.
Cūr Cornēlia **cum amīcīs** nōn venit? — Warum kommt Cornelia nicht mit den Freundinnen?
③ **Sine amīcā** maestus sum. — Ohne Freundin bin ich traurig.
Sed ecce! Ibī Cornēlia **dē Capitōliō** in forum dēscendit. — Aber schau! Dort steigt Cornelia vom Kapitol auf das Forum herab.

Im Lateinischen gibt es einen Kasus, den **Ablativ**, den das Deutsche nicht kennt. In den Beispielsätzen begegnet der Ablativ zunächst in **Verbindung mit einer Präposition** (Verhältniswort).

1.1 Bildung

Der Ablativ wird in den einzelnen Deklinationsklassen unterschiedlich gebildet:

Deklinations-klasse	Singular		Plural	
	Wortstamm	Endung	Wortstamm	Endung
ā-Deklination	amīc—	ā	amīc—	ī - s (<*a -is)
		endungslos; gelängter		
o-Deklination	serv—	ō	serv—	ī - s (<*o -is)
		Kennvokal		
Konsonantische Deklination	imperātōr— homin— patr—	} e	imperātōr— i homin— i patr— i	} bus
	Wortstock	Ausgang	Wortstock	Ausgang

Ablativ Plural der Konsonantischen Deklination:
zwischen Wortstamm und Endung *-bus* tritt der Bindevokal *-ĭ-*.

Der **Ablativ** ist demnach jeweils an den folgenden **Ausgängen** zu erkennen:

AUSGÄNGE DER DEKLINATIONEN						
	ā-Dekl.		o-Dekl.		Kons. Dekl.	
	Sg.	Pl.	Sg.	Pl.	Sg.	Pl.
Nominativ	-a	-ae	-us/-um	-ī/-a	-/-s	-ēs
Genitiv						
Dativ						
Akkusativ	-am	-ās	-um	-ōs/-a	-em	-ēs
Ablativ	-ā	-īs	-ō	-īs	-e	-ibus

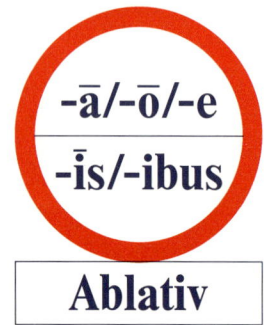

1.2 Deklinationsschema

In das Deklinationsschema, das als ordnende Übersicht dient, können wir nun auch den Ablativ eintragen:

	ā-Deklination Femininum		o-Deklination Maskulinum		o-Deklination Neutrum		Konsonantische Deklination Maskulinum			
	Sg.	Pl.	Sg.	Pl.	Sg.	Pl.	Sg.	Pl.	Sg.	Pl.
Nominativ	amīca	amīcae	servus	servī	templum	templa	senātor	senātōrēs	homō	hominēs
Genitiv										
Dativ										
Akkusativ	amīcam	amīcās	servum	servōs	templum	templa	senātōrem	senātōrēs	hominem	hominēs
Ablativ	cum amīcā	cum amīcīs	cum servō	cum servīs	in templō	in templīs	cum senātōre	cum senātōribus	cum homine	cum hominibus

Entsprechend: pater – cum patre; patres – cum patribus.

1.3 Die Grundfunktionen des Ablativs

In den folgenden Verbindungen werden die drei Grundfunktionen des Ablativs deutlich, die durch die Präpositionen hervorgehoben werden:

① in forō stāre — auf dem Forum stehen
 multīs in aedificiīs — in vielen Bauwerken
 prō templō ambulāre — vor dem Tempel spazieren gehen
 in vītā meā — in meinem Leben
② cum amīcīs venīre — mit den Freunden kommen
 māgnā cum cūrā dēlīberāre — mit großer Sorge erwägen
③ dē Capitōliō dēscendere — vom Kapitol herabsteigen
 ē Colossēō venīre — aus dem Kolosseum kommen
 sine amīcīs esse — ohne Freunde sein

Die drei Grundfunktionen erfassen jeweils verschiedene **Sinnrichtungen**; man bezeichnet sie deshalb auch als **semantische Funktionen**.
Zu unterscheiden sind

① der **Punctualis**
 (Frage: WO? WANN?)
 als Kasus der räumlichen
 Lage und des Zeitpunkts

② der **Instrumentalis**
 (Frage: WOMIT? WODURCH?)
 als Kasus des Mittels
 und des Zusammenwirkens

③ der **Separativus**
 (Frage: WOHER? WOVON?)
 als Kasus des Ausgangspunkts
 und der Trennung

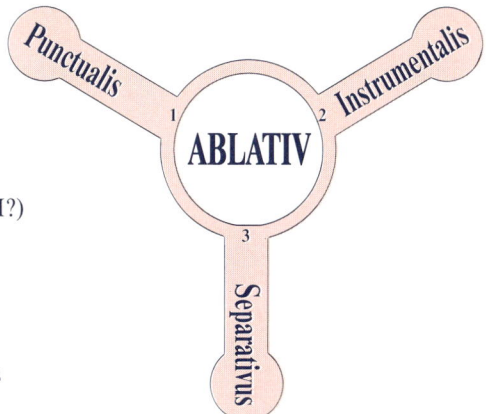

1.4 Der Ablativ in präpositionaler Verbindung

① Mārcus **in Capitōliō** stat. Marcus steht auf dem Kapitol.
② Mārcus Marcus denkt
    dē senātōribus, über die Senatoren,
    dē cōnsulibus, über die Konsuln,
    dē imperiō Rōmānō über das Römische Reich
dēlīberat. nach.

In den meisten Fällen erfüllt der Ablativ in präpositionaler Verbindung die **syntaktische Funktion** (Aufgabe) **des Adverbiales** (① *in Capitōliō stāre*).
Nach bestimmten Verben (z. B. nachdenken, sprechen) erfüllt der **Ablativ in präpositionaler Verbindung** die Funktion des Objekts; er stellt demnach ein **Präpositionalobjekt** dar.

② **dē** imperiō Rōmānō dēlīberāre — über das Römische Reich nachdenken
„das Römische Reich bedenken"

Beachte den Unterschied:

Ablativ in präpositionaler Verbindung	
als **Adverbiale**	als **Präpositionalobjekt**
① Mārcus in Capitōliō stat.	② Mārcus dē senātōribus dēlīberat.

Im Satzmodell:

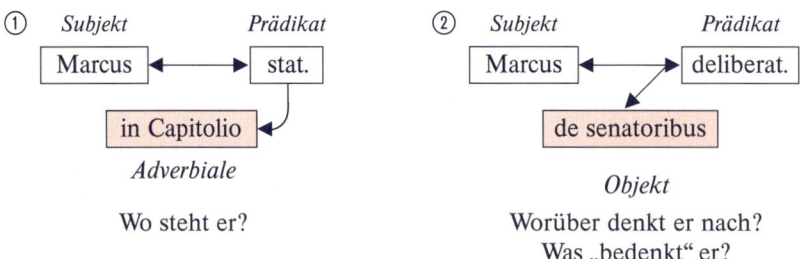

① Subjekt – Prädikat: Marcus ↔ stat. / in Capitolio (Adverbiale) — Wo steht er?
② Subjekt – Prädikat: Marcus ↔ deliberat. / de senatoribus (Objekt) — Worüber denkt er nach? Was „bedenkt" er?

G2 Präposition IN mit Ablativ und Akkusativ

① Mārcus **in forō** stat. Marcus steht **auf dem Forum**.
② Cornēlia **in forum** venit. Cornelia kommt **auf das Forum**.

In Verbindung mit der Präposition IN kann im Lateinischen der **Ablativ** oder **Akkusativ** auftreten.

IN mit Ablativ bezeichnet den Ort, wo etwas geschieht (→ 5 G 1.3 ①) ①.
IN mit Akkusativ bezeichnet den Ort, (auf den) worauf eine Handlung gerichtet ist (→ 4 G 3.2 ②) ②.

wo? Ablativ — **IN** — wohin? Akkusativ

6

Verbum: Bestimmungsstücke – Modus Imperativ
Ablativ ohne Präposition – Wichtigste Sinnrichtungen
Satzreihe – Satzgefüge
Textlehre: Sach- oder Bedeutungsfelder

G1 Verbum: Bestimmungsstücke

Am **Verbum finitum**, d. h. an den **konjugierten** Formen des Verbums, können wir mehrere „Bestimmungen" durchführen:

1. **Person** (*1., 2., 3.*),
2. **Numerus** (*Zahl*) der Personen (**Singular/Plural**),
3. **Tempus** (*Zeit*) des Geschehens oder Seins, das vom Verbum bezeichnet wird,
4. **Modus** (*Aussageweise*), d. h. die Weise, wie das Geschehen oder Sein vom Sprechenden aufgefasst ist,
5. **Genus verbi** (*Handlungsart*)[1], d. h. die Art, **wie** das Subjekt an der Handlung beteiligt ist:
   ob es **selbsttätig** die Handlung vollzieht (**Aktiv**: Tatform) oder
   ob es **erleidend** von der Handlung betroffen wird (**Passiv**: Leideform).

Wir unterscheiden demnach **fünf Bestimmungsstücke** des Verbums:

PERSON	NUMERUS	TEMPUS	MODUS	GENUS

1) Das Genus verbi wird auch als Diathese bezeichnet (griech.: *diáthesis*: Art des Vorgangs).

1.1 Modus Imperativ

Der **Indikativ** ist der **Modus der Wirklichkeit** (→ 3 G 1.2).
Der **Imperativ** ist der **Modus des Befehls**.

Populus clāmat:	Das Volk schreit:
① Properā, Syre!	Beeile dich, Syrus!
Studē! Venī!	Streng dich an! Komm!
Accēde!	Geh ran!
Es bonus!	Sei tüchtig!
② Pūgnāte, gladiātōrēs!	Kämpft, Gladiatoren!
Sustinēte!	Haltet durch!
Audīte hominēs!	Hört auf die Leute!
Agite tandem!	Handelt endlich!
Este bonī!	Seid tüchtig!

Der **Imperativ** ist in der Regel an die **2. Person Singular** oder **Plural** gerichtet.

6 1.2 Die Formen des **Imperativs an die 2. Person** sind folgendermaßen gebildet:

	Singular	Plural
Vokalische Konjugationen:	① properā! studē! venī!	② properā-te! studē-te! venī-te!
Bildungselemente:	bloßer Präsens-Stamm	Präsens-Stamm und Endung -te
Konsonantische Konjugation:	① accēd-ĕ!	② accēd-i-te!
Bildungselemente:	Präsens-Stamm und Endung -ĕ	Präsens-Stamm, Bindevokal -i und Endung -te

-ā
-ē
-ī
-ĕ
-te

Imperativ

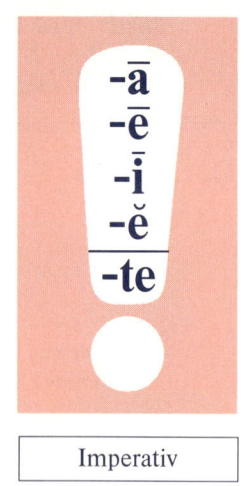

→ Tab. V₁ (S. 151)

▸ Die **Imperativform** eines Verbums ist am Wortende **zu erkennen**:
im Singular an den Vokalen **-ā, -ē, -ī, -ĕ**,
im Plural an der Endung **-te**.
▸ Der **Imperativ** steht in der Regel am **Satzanfang**.
▸ Die **Imperativformen** von ESSE lauten:

Sg.	2. Person	es! ①
Pl.	2. Person	este! ②

G2 Ablativ ohne Präposition – Wichtigste Sinnrichtungen

① Gladiātōrēs multīs locīs pūgnant.	Die Gladiatoren kämpfen an vielen Stellen.
Turba nē lūdīs quidem tacet.	Die Menge schweigt nicht einmal während der Spiele.
② Syrus gladiō pūgnat et hominēs māgnō clāmōre plaudunt.	Syrus kämpft mit dem Schwert und die Menschen klatschen unter großem Geschrei Beifall.
Mārcus pūgnā nōn gaudet.	Marcus hat am Kampf keine Freude.
③ Nam cūrīs nōn vacat.	Denn er ist nicht ohne Bedenken (Sorgen).
Itaque Colosseō cēdit.	Deshalb geht er vom Kolosseum weg.

6

2.1 Der Ablativ wird häufig ohne Präpositionen verwendet. Auch in dieser Verwendung treten die drei semantischen Funktionen des Ablativs deutlich hervor.

| PUNCTUALIS | INSTRUMENTALIS | SEPARATIVUS |

Die drei semantischen Funktionen können sich jeweils in feinere Sinnrichtungen entfalten; die wichtigsten davon sind in der nachfolgenden Tabelle zusammengestellt.

2.2

SEMANTISCHE FUNKTION	Latein	Deutsch	Feinere Sinnrichtungen
PUNCTUALIS ① WO? WANN?	multīs locīs pūgnāre nē lūdīs quidem tacēre	an vielen Orten kämpfen nicht einmal während der Spiele schweigen	*Ort* *Zeit*
INSTRUMENTALIS ② WOMIT? WIE? WORÜBER? WARUM?	gladiō pūgnāre magnō clāmōre plaudere pūgnā gaudēre	mit dem Schwert kämpfen unter großem Geschrei Beifall klatschen sich am Kampf erfreuen	*Mittel* *Art und Weise/ Begleitumstand* *Grund*
SEPARATIVUS ③ WOVON? VON WO? WOHER?	cūrīs vacāre Colossēō cēdere	von Sorgen frei sein (ohne Sorgen sein) vom Kolosseum weggehen	*Trennung* *Ausgangspunkt*

Beachte:
Ortsangaben werden in der Regel bei Ortsnamen mit einem eigenen Kasus, dem **Lokativ**, ausgedrückt, z. B. *Rōmae* (<*Rōma-i*): in Rom.

| L→D | In Verbindung mit bestimmten Verben (z. B. sich freuen, spielen, leiden) drückt der bloße Ablativ (ohne Präposition) Verhältnisse aus, die im Deutschen mit Präpositionen (z. B. an, während, durch, mit, über, von) angegeben werden. |

2.3 Angaben im **Ablativ** erfüllen im Satz fast immer die **syntaktische Funktion** (Aufgabe) **des Adverbiales**.

6 G3 Satzreihe – Satzgefüge

① Populus gladiātōrēs vocat;	Das Volk ruft nach den Gladiatoren;
nam pūgnās spectāre studet.	denn es will Kämpfe sehen.
Sed frūstrā exspectat.	Aber es wartet vergebens.
② Iam hominēs clāmant,	Schon schreien die Leute,
quod gladiātōrēs nōn veniunt.	weil die Gladiatoren nicht kommen.
③ Dum intrant, turba rīdet	Während sie einziehen, lacht
et gaudet.	die Menge und freut sich.

3.1 Die mit den **Konjunktionen** NAM/ENIM und SED eingeleiteten Sätze sind dem Hauptsatz **beigeordnet** (→ 3 G 3.1) ①. Die so verbundenen Hauptsätze bilden eine **Satzreihe**.

beiordnend:

① [Hauptsatz]   [NAM - Hauptsatz]

3.2 Die mit den **Konjunktionen** QUOD, DUM eingeleiteten Sätze sind dem Hauptsatz **untergeordnet** (→ 3 G 3.2) ② ③.
Die untergeordneten Sätze stellen eine adverbiale Angabe (des Grundes, der Zeit) dar. Im Satz erfüllen sie die **syntaktische Funktion** (Aufgabe) **des Adverbiales** (→ S 6).
Da solche Sätze ein Satzglied vertreten, nennt man sie ‚Gliedsätze'. Die Verbindung von Haupt- und Gliedsatz ② oder Glied- und Hauptsatz ③ stellt ein **Satzgefüge** dar.

unterordnend:

② [Hauptsatz]
    [QUOD - Gliedsatz]

③   [DUM - Gliedsatz]
                         [Hauptsatz]

T Sach- oder Bedeutungsfelder

Jeder Text hat ein **Thema**; dieses wird durch die vorherrschenden Wörter, Begriffe, Wendungen bestimmt. Man fasst sie unter der Bezeichnung **Sach- oder Bedeutungsfeld zusammen**.
Das Thema „Gladiatorenkämpfe" prägt sich z. B. in folgendem Sach- oder Bedeutungsfeld aus: *Colossēum – gladiātōrēs – petere gladiō – pūgnāre et sustinēre – gladiōs timēre – perdere – pūgnā gaudēre – gladiīs vulnerāre – victōriā gaudēre – victōrem laudāre.*
Das Sach- oder Bedeutungsfeld dient dazu, den **Zusammenhang** (die **Kohärenz**) **eines Textes** zu verstärken (→ T 2.3).

7 Verbum: POSSE
Satz: Formen der Frage
Nomen: Adjektiv als Substantiv

G1 Verbum: POSSE

① Maesta **sum**. — Ich bin traurig.
Nam cum Mārcō convenīre nōn pos**sum**. — Denn ich kann mit Marcus nicht zusammenkommen.
② Tū autem laetus **es**. — Du aber bist froh.
In forum properāre pot**es**. — Du kannst auf das Forum eilen.
③ Megaera mulier mala **est**. — Megaera ist eine böse Frau.
Quis mulierem malam semper sustinēre pot**est**? — Wer kann eine böse Frau immer aushalten?
④ Neque tamen sine auxiliō **sumus**. — Wir sind jedoch nicht ohne Hilfe.
Nam deōs ōrāre pos**sumus**. — Denn wir können die Götter bitten.
⑤ Dī, māgnī **estis**! — Götter, ihr seid groß!
Cūncta dare pot**estis**! — Ihr könnt alles geben!
⑥ Multī hominēs maestī **sunt**. — Viele Menschen sind traurig.
Cūrīs vacāre nōn pos**sunt**. — Sie können nicht ohne Sorgen sein.

Die Formen von POSSE (können) sind gebildet durch Zusammenfügen der Wortwurzel ***pot-** (vgl. Potenz) mit den Formen von ESSE (→ 3 G 1.3).

es-se	pos-se	können
s-um	pos-sum	ich kann
es	pot-es	du kannst
es-t	pot-est	er/sie/es kann
s-umus	pos-sumus	wir können
es-tis	pot-estis	ihr könnt
s-unt	pos-sunt	sie können

→ Tab. VII₁

Erläuterungen:
pot-sum / pot-sumus / pot-sunt > possum / possumus / possunt: Assimilation → L 23

G2 Satz: Formen der Frage

① **Cūr** tantum clāmōrem audiō? — **Warum** höre ich so lautes Geschrei?
② **Quis** clāmat? — **Wer** schreit?
Quid petis? — **Was** verlangst du?
Quem exspectās? — **Wen** erwartest du?
Ā quō auxilium spērās? — **Von wem** erwartest du Hilfe?
③ **Num** maestus es? — Bist du **etwa** traurig?
④ **Nōnne** amīcī tē prōtegunt? — Schützen dich **denn** die Freunde **nicht**?
⑤ **Es**ne vītā contentus? — Bist du mit dem Leben zufrieden?

7 Fragen werden durch **Fragewörter** eingeleitet.
Fragewörter können sein
ein **Interrogativ-Adverb** ①, z. B. *cūr?*
ein **Interrogativ-Pronomen** ②, z. B. *quis, quid, quem, ā quō?*
eine **Interrogativ-Partikel** ③ – ⑤, z. B. *num, nōnne, -ne?*

2.1 Interrogativ-Pronomen: Deklinationsschema

	Maskulinum/Femininum		Neutrum	
N.	quis?	wer?	quid?	was?
G.				
D.				
Akk.	quem?	wen?	quid?	was?
Abl.	dē quō?	über wen?		

2.2 Interrogativ-Partikeln

Die Verwendung der Interrogativ-Partikeln ist nicht beliebig. An ihnen erkennt man, welche **Erwartung der Fragende** jeweils hat.
③ NUM („etwa") zielt auf die Antwort NEIN.
④ NONNE („nicht", „denn nicht") zielt auf die Antwort JA.
⑤ -NE (unübersetzt) lässt die Anwort JA oder NEIN offen.
Das Wort, an das -NE angehängt ist, ist in der Frage betont.
Es steht deshalb meist am Satzanfang.

Bei den lateinischen Fragen, die durch die Interrogativ-Partikeln NUM, NONNE gekennzeichnet sind, steht das Prädikat in der Regel – wie bei den Aussagesätzen – am Satzende.
Im Deutschen dagegen ändert sich die Wortstellung: Das Prädikat oder ein Teil des Prädikats steht am Satzanfang.

G3 Nomen: Adjektiv als Substantiv

Cūncta videt.	Er sieht alles.
Multa audit.	Er hört vieles.
Multa mala accidunt.	Viel Übles ereignet sich.

Das **Neutrum des Adjektivs** kann als **Substantiv** gebraucht sein:

Singular		Plural	
mal**um**	**das** Übel,	cūncta	alles
	ein Übel	multa	vieles
	Übles	mala	Übles

8
Attribut und Objekt: Genitiv
Nomen: Substantive und Adjektive auf -(e)r
Attribut: Possessiv-Pronomen

G1 Attribut und Objekt: Genitiv

① Audīmus clāmōrem   Wir hören das Geschrei
     turbae,   der Menge,
     populī,   des Volkes,
     puerōrum et puellārum.   der Jungen und Mädchen.
  Cūnctī enim dōnīs   Alle nämlich freuen sich über die
     imperātōris et   Geschenke des Kaisers
     senātōrum gaudent.   und der Senatoren.

② Quis nōn   Wer ist nicht
     glōriae,   auf Ruhm,
     dōnī,   auf ein Geschenk,
     spectāculōrum   auf Schauspiele
  cupidus est?   scharf (begierig)?

1.1 Bildung

Der **Genitiv** ist in den einzelnen Deklinationsklassen unterschiedlich gebildet.

| Deklinations- | Singular | | Plural | |
klasse	Wortstamm	Endung	Wortstamm	Endung
ā-Deklination	amīc — **a e**	(<*a-i)	amīc — **ā — r — um**	
o-Deklination	serv — **ī**	(<*o-i)	serv — **ō — r — um**	
Konsonantische Deklination	imperātōr homin patr	**-is**	imperātōr homin patr	**-um**
	Wortstock	Ausgang	Wortstock	Ausgang

Bei den Vokalischen Deklinationen tritt im Genitiv Plural *-r-* zwischen Wortstamm und Endung *-um*.

Der **Genitiv** ist demnach jeweils an den folgenden **Ausgängen** zu erkennen:

AUSGÄNGE DER DEKLINATIONEN						
	ā-Dekl.		o-Dekl.		Kons. Dekl.	
	Sg.	Pl.	Sg.	Pl.	Sg.	Pl.
Nominativ	-a	-ae	-us/-um	-ī/-a	-/-s	-ēs
Genitiv	-ae	-ārum	-ī	-ōrum	-is	-um
Dativ						
Akkusativ	-am	-ās	-um	-ōs/-a	-em	-ēs
Ablativ	-ā	-īs	-ō	-īs	-e	-ibus

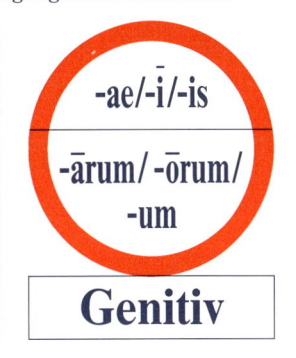

-ae/-ī/-is
-ārum/ -ōrum/ -um
Genitiv

1.2 Deklinationsschema

In das Deklinationsschema, das als ordnende Übersicht dient, können wir nun auch den Genitiv eintragen:

	ā-Deklination Femininum		o-Deklination				Konsonantische Deklination Maskulinum			
			Maskulinum		Neutrum					
	Sg.	Pl.	Sg.	Pl.	Sg.	Pl.	Sg.	Pl.	Sg.	Pl.
Nominativ	amīca	amīcae	servus	servī	templum	templa	senātor	senātōrēs	homō	hominēs
Genitiv	amīcae	amīcā-rum	servī	servō-rum	templī	tem-plōrum	senātō-ris	senātō-rum	hominis	homi-num
Dativ										
Akkusativ	amīcam	amīcās	servum	servōs	templum	templa	senātōrem	senātōrēs	hominem	hominēs
Ablativ	cum amīcā	cum amīcīs	cum servō	cum servīs	in templō	in templīs	cum senātōre	cum senātōribus	cum homine	cum hominibus

Mit Hilfe der Form des Genitivs Plural kann man erkennen, zu welcher Deklination ein Substantiv gehört:

Genitiv Plural	Nominativ Singular	Deklination
-ārum	-a	ā-Deklination
-ōrum	-us	o-Dekl. ⟨ Maskulinum
-ōrum	-um	Neutrum
-um	(Konsonant) -	Konsonantische Dekl.

1.3 Verwendung

Der Genitiv wird im Satz verwendet:
① als **Attribut**: Dōna **imperātōris** placent.   Die Geschenke **des Kaisers** gefallen.
② als **Objekt**: **Glōriae** cupidus est.   Er ist **nach Ruhm** begierig.
(~ Er ist ehrgeizig.)

Im Satzmodell:

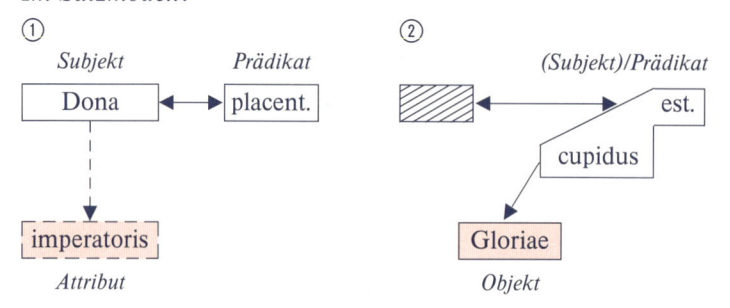

①
Subjekt — Prädikat
Dona ⟷ placent.
⋮
imperatoris
Attribut

②
(Subjekt)/Prädikat
▨ ⟷ est.
cupidus
Gloriae
Objekt

G2 Nomen: Substantive und Adjektive auf -(e)r

2.1 Substantive auf -(e)r gehören zur o-Deklination oder zur Konsonantischen Deklination.

▶ Die zur **o-Deklination** gehörenden Substantive auf *-(e)r* unterscheiden sich nur im **Nom. Sg.** von den Substantiven auf *-us*.

Sg. N.	**puer**	der Junge	**ag er**	der Acker
G.	puer-ī	des Jungen	agr-ī	des Ackers
Pl. N.	puer-ī	die Jungen	agr-ī	die Äcker
G.	puer-ōrum	der Jungen	agr-ōrum	der Äcker

Zur Deklination: → Tab. I₁ S. 146

▶ Die zur **Konsonantischen Deklination** gehörenden Substantive auf *-(e)r* unterscheiden sich nur im **Nom. Sg.** von anderen Substantiven dieser Deklinationsklasse.

Sg. N.	**mulier**	die Frau	**pater**	der Vater
G.	mulier-is	der Frau	patr-is	des Vaters
Pl. N.	mulier-ēs	die Frauen	patr-ēs	die Väter
G.	mulier-um	der Frauen	patr-um	der Väter

Wir unterscheiden bei den Substantiven auf **-(e)r zwei Gruppen:**
1. eine Gruppe, bei der das *-e-* zum Wortstock gehört (*puer, puerī; mulier, mulieris*)
2. eine Gruppe, bei der der Wortstock ohne *-e-* gebildet wird (*agr-*; *patr-*) und das *-e-* nur zur Erleichterung der Aussprache im Nominativ Singular eingefügt ist. (Vokalentfaltung → L 20.1).

Die Substantive auf **-(e)r** sind **Maskulina**, *mulier* ist Femininum.

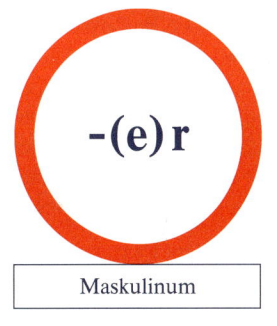

-(e)r

Maskulinum

2.2 Adjektive auf -(e)r

Es gibt auch einige Adjektive, deren Formen auf *-(e)r, -(e)ra, -(e)rum* statt auf *-us, -a, -um* lauten. Sie gehören zur Gruppe der Adjektive auf *-us, -a, -um* und werden wie diese dekliniert. Sie lassen sich – wie die Substantive – **in zwei Gruppen** einteilen:
1. in solche, bei denen das *-e-* zum Wortstock gehört, also in **allen Kasus** und **Genera** erhalten bleibt: *miser, misera, miserum*;
2. in solche, bei denen das *-e-* nur **im Nominativ Singular** des **Maskulinums** eingeschoben ist: *pulcher, pulchra, pulchrum*.

8 *Beispiele:*

puer mis*er* puerī mis*erī*	der arme Junge
puella pulch*ra* puellae pulch*rae*	das schöne Mädchen
for*um* pulch*rum* forī pulch*rī*	das schöne Forum
homō pulch*er* hominis pulch*rī*	ein schöner Mensch
mulier mis*era* mulieris mis*erae*	eine arme Frau

G3 Attribut: Possessiv-Pronomen

① a) Fortūna dea **mea** est.   Fortuna ist **meine** Göttin.
   b) Et quis est **tuus** deus?   Und wer ist **dein** Gott?
② Templa **nostra** cūrāmus.   Wir pflegen **unsere** Tempel.
③ Simulācra deōrum **vestrōrum**   Die Bilder **eurer** Götter
     pulchra sunt.   sind schön.
④ Rōmānī deōs **suōs** amant.   Die Römer lieben **ihre** Götter.

3.1 Die **Possessiv-Pronomina** bezeichnen **Besitz** und **Zugehörigkeit**.
▶ MEUS, TUUS, NOSTER, VESTER geben ein **Besitzverhältnis** an, welches das Subjekt, Objekt, Adverbiale oder Attribut des Satzes betreffen kann.
▶ SUUS gibt ausschließlich ein **Besitzverhältnis der 3. Person** an, welches das Subjekt des Satzes betrifft; es ist **reflexiv (rückbezüglich)**.
▶ In der Regel steht das Possessiv-Pronomen nach dem Substantiv, zu dem es gehört ① a), ②, ③. Wenn es vor dem Substantiv steht, ist es stark betont ① b).

3.2 Die **Possessiv-Pronomina** werden wie folgt dekliniert:
die Pronomina **meus, mea, meum – tuus, tua, tuum – suus, sua, suum** wie die Adjektive auf **-us, -a, -um** (→ 2 G 3.1), die Pronomina **noster, nostra, nostrum** und **vester, vestra, vestrum** wie die Adjektive auf **-er, -ra, -rum** (*-e-* gehört also nicht zum Wortstock → 2.2).
→ Tab. II₂ (S. 148)

3.3 Die Possessiv-Pronomina stimmen wie die Adjektive mit dem Substantiv, auf das sie sich beziehen (mit dem „Besitz"), in **K**asus, **N**umerus und **G**enus überein (KNG-Kongruenz → 2 G 3.1).

KöNi**G**s-Regel der Kongruenz

Beispiele:

amīcus meus	mein Freund	amīcae tuae	deine Freundinnen
magistrī nostrī	unsere Lehrer	verba nostra	unsere Worte
rēgēs vestrī	eure Könige	mulierēs vestrae	eure Frauen
patrem suum	seinen Vater	servās suās	seine Sklavinnen
(exspectat)	*(erwartet er)*	*(videt)*	*(sieht er)*

9
Verbum: Indikativ Imperfekt
Perfekt: Bildung mit -v-, -u-, -s-
Verwendung von Imperfekt und Perfekt
Textlehre: Zeiten-Verwendung I

G1 Verbum: Indikativ Imperfekt

Das Imperfekt bezeichnet Vorgänge, die auf der Zeitstufe der **Vergangenheit** ablaufen.

1.1 Bildung

Die Bestandteile des Verbums im Imperfekt sind:

Präsens-Stamm	Endung	
	Tempus-Zeichen	Person-Zeichen
vocā----	---------ba---	-----t
vidē----	---------ba---	-----t
venī----	---ē------ba---	-----t
dīc-----	---ē------ba---	-----t
	Erweiterungs-vokal	

-ba-
-ēba-
Imperfekt

Das Tempus-Zeichen des Indikativs Imperfekt ist **-ba-**; es tritt zwischen Präsens-Stamm und Person-Zeichen.
In der ī-Konjugation und in der Konsonantischen Konjugation tritt zwischen Präsens-Stamm und Tempus-Zeichen ein Erweiterungsvokal **-ē-**: *veniēbat; dīcēbat*.

1.2 Konjugationsschema

	ā-Konj.
	ich rief
Sg. 1. P.	vocābam
2. P.	vocābās
3. P.	vocābat
Pl. 1. P.	vocābāmus
2. P.	vocābātis
3. P.	vocābant

Entsprechend:

ē-K.: vidēbam   ich sah
      vidēbās usw.

ī-K.: veniēbam   ich kam
      veniēbās usw.

K.-K.: dīcēbam   ich sagte
       dīcēbās usw.

→ Tab. V₁ (S. 151)

Beachte: vocābātis, aber: *vocābăm* (Vokalkürzung → L 18.1)

Die **Person-Zeichen des Imperfekts** sind – mit Ausnahme der 1. Person Singular – die **gleichen** wie die des **Präsens** (→ 3 G 1.2). In der 1. Person Singular erscheint das Person-Zeichen **-m** (vgl. *su-m*).

9   1.3 ESSE und POSSE

Die Formen des Indikativs Imperfekt von ESSE und POSSE werden vom Präsens-Stamm **-er-** gebildet. Das Tempus-Zeichen lautet hier **-a-** (→ L 18.1).

éram	ich war	póteram	ich konnte
érās	du warst	póterās	du konntest
érat	er/sie/es war	póterat	er/sie/es konnte
erāmus	wir waren	poterāmus	wir konnten
erātis	ihr wart	poterātis	ihr konntet
érant	sie waren	póterant	sie konnten

Der Präsens-Stamm *er-* hat sich (durch Rhotazismus → L22) aus *es-* entwickelt (→ 3 G 2.2).

G2   Perfekt: Bildung mit -v-, -u-, -s-

2.1 Übersicht

3. Pers. Sg. Präsens	Perfekt-Aktiv-Stamm	Endung	
vocat	① vocā-v	it	er hat gerufen/rief
explet	explē-v	it	er hat erfüllt/erfüllte
audit	audī-v	it	er hat gehört/hörte
petit	petī-v	it	er hat verlangt/verlangte
timet	② tim-u	it	er hat gefürchtet/fürchtete
dēserit	dēser-u	it	er hat verlassen/verließ
potest	pot-u	it	er hat gekonnt/konnte
dūcit	③ dū x	it	er hat geführt/führte
discēdit	disces s	it	er ist weggegangen/ging weg
ēvādit	ēvā s	it	er ist entkommen/entkam
EST	fu	it	er ist gewesen/war

2.2 Erklärung

Der Perfekt-Aktiv-Stamm ist zumeist durch eine Veränderung des Präsens-Stammes gebildet. Dies kann auf folgende Weise geschehen:

① durch das **Bildungselement -v-**
② durch das **Bildungselement -u-**
③ durch das **Bildungselement -s-**

(Dabei geht -s- mit dem auslautenden Konsonanten des Präsens-Stamms oft eine enge Verbindung ein:
c-s > *x*; d-s > *ss* oder *s*)

9

2.3 Die Endungen im Indikativ Perfekt

Die Endungen, die im Indikativ an den Perfekt-Aktiv-Stamm treten, lauten:

	Singular	Plural
1. Pers.	-ī	-imus
2. Pers.	-istī	-istis
3. Pers.	-it	-ērunt

PERFEKT-ENDUNGEN

- 1: -ī / -imus
- 2: -istī / -istis
- 3: -it / -ērunt

Im Indikativ Perfekt gibt es eigene Person-Zeichen. Diese „verschmelzen" mit einer Erweiterungssilbe *-is-* zu Endungen.

2.4 Konjugationsschema

v-Perfekt
ich habe gerufen / ich rief

Sg. 1. Pers.	voc**āvī**
2. Pers.	voc**āvistī**
3. Pers.	voc**āvit**
Pl. 1. Pers.	voc**āvimus**
2. Pers.	voc**āvistis**
3. Pers.	voc**āvērunt**

Entsprechend:

v-Pft.	explēvī	ich habe erfüllt /
	explēvistī *usw.*	erfüllte
	petīvī	ich habe verlangt /
	petīvistī *usw.*	verlangte
u-Pft.	timuī	ich habe gefürchtet /
	timuistī *usw.*	fürchtete
s-Pft.	dūxī	ich habe geführt /
	dūxistī *usw.*	führte
fu- (von ESSE):		
	fuī, fuistī *usw.*	ich bin gewesen / war

→ Tab. V₂ (S. 153)

G3 Verwendung von Imperfekt und Perfekt

① Amīcum quaerē**bam**;	Ich **war** auf der Suche nach meinem Freund;
per viās vādē**bam**,	ich **ging** durch die Straßen,
multōs hominēs rogā**bam**.	**fragte** viele Menschen.
Tandem vīcum meum petī**vī**,	Schließlich **eilte** ich in mein Stadtviertel, weil ich keine **Hoffnung** mehr **hatte**, und **schrieb** folgendermaßen:
quod nōn iam spērā**bam**,	
et sīc scrīp**sī**:	
② Amīcus mē nōn exspectā**vit**.	Mein Freund **hat** nicht auf mich **gewartet**.
Mārcus nihil dī**xit**.	Marcus **hat** nichts **gesagt**.
Hodiē igitur nōn convē**nimus**.	Heute **sind** wir also nicht **zusammengetroffen**.
Vōsne amīcōs iam dēser**uistis**?	**Habt** ihr die Freunde schon einmal im Stich **gelassen**?

3.1 Perfekt und Imperfekt in der Erzählung ①

Wenn **vergangene Ereignisse**, **Vorgänge** und **Situationen** zusammenhängend dargestellt werden, kommen dem **Imperfekt** und dem **Perfekt** unterschiedliche Aufgaben zu.

9 Mit Hilfe dieser Tempora werden der **Geschehenshintergrund** und der **Geschehensvordergrund** voneinander getrennt.

▶ **Begleitende Umstände, längere Vorgänge, Beschreibungen** machen den **Geschehenshintergrund** aus; sie stehen im **schildernden Imperfekt**, z. B. ... quaerēbam, ... vādēbam, ... rogābam, ... nōn spērābam.

▶ **Hauptereignisse**, die aufeinander folgen und die Handlung vorantreiben, machen den **Geschehensvordergrund** aus; sie stehen im **erzählenden (narrativen) Perfekt**, z. B. ... petīvī, ... scrīpsī.

| L → D | Da im Deutschen das Erzähltempus das Präteritum (die Vergangenheit) ist, werden das **Imperfekt** wie das **Perfekt** in der Regel mit dem **Präteritum** wiedergegeben. |

3.2 Perfekt bei Feststellungen ②

Wenn **Handlungen** und **Vorgänge** – im Rückblick – **als abgeschlossen, als Ergebnis mitgeteilt, festgestellt** werden, dann wird das **feststellende (konstatierende) Perfekt** verwendet, z. B. ... nōn exspectāvit, ... nihil dīxit, ... nōn convēnimus, ... iam dēseruistis.

| L → D | Das **feststellende (konstatierende) Perfekt** wird im Deutschen mit **Perfekt** wiedergegeben. |

Übersicht über die Verwendung der Tempora

Art der Aussage	Zusammenhängende Darstellung (Erzählung)		Feststellung von Einzelereignissen und Ergebnissen
	als Geschehenshintergrund	als Geschehensvordergrund	
Latein	Imperfekt	Perfekt erzählend (narrativ)	Perfekt feststellend (konstatierend)
Deutsch	Präteritum		Perfekt

T Zeiten-Verwendung I

Die **gewählten Tempora** dienen dazu, der sprachlichen Darstellung, besonders einer Erzählung, die nötige Struktur zu geben. Sie gliedern den zeitlichen Ablauf eines Geschehens und helfen mit das Geschehen spannend und dramatisch zu gestalten. Die Zeiten-Verwendung verstärkt den **Zusammenhang** (die **Kohärenz**) **eines Textes** (→ T 2.4).

10

Perfekt: Bildung durch Dehnung, Reduplikation, ohne Veränderung
Nomen: Konsonantische Deklination – Substantive auf -ō, -ōnis und -ō, -inis
Temporalsätze: postquam, ubī

G1 Perfekt: Bildung durch Dehnung, Reduplikation, ohne Veränderung

1.1 Übersicht

3. Pers. Sg. Präsens		Perfekt-Aktiv-Stamm	Endung	
adiuvat	①	adiūv	it	er hat geholfen/half
videt		vīd	it	er hat gesehen/sah
venit		vēn	it	er ist gekommen/kam
legit		lēg	it	er hat gelesen/las
agit		ēg	it	er hat gehandelt/handelte
relinquit		relīqu	it	er hat verlassen/verließ
dat	②	ded	it	er hat gegeben/gab
prōdit		prōdid	it	er hat verraten/verriet
currit		cucúrr	it	er ist gelaufen/lief
pellit		pépul	it	er hat vertrieben/vertrieb
discit		dídic	it	er hat gelernt/lernte
comprehendit	③	comprehend	it	er hat ergriffen/ergriff

1.2 Erklärung

Der **Perfekt-Aktiv-Stamm** kann außer mit **-v-, -u-, -s-** auch auf folgende Weise gebildet sein:

① durch **Dehnung** des kurzen **Stammvokals:**
Hierbei kann der Perfekt-Aktiv-Stamm zusätzlich verändert sein:
durch **Ablaut des Vokals:** *agō > ēgi*,
durch **Wegfall** des Präsens-Infixes (-Einschubs) **-n-**: *relinquō, relīqui*.

② durch **Reduplikation** (Verdoppelung) des **Wortanfanges:**
Hierbei tritt in der Regel der anlautende Konsonant zusammen mit dem Vokal *-e-* vor den Verbalstamm, z. B. *dedī, pépulī*.
Der Präsens-Stamm kann zusätzlich verändert sein durch **Umlaut** des Vokals: *pellō > pepulī*.

③ **ohne Veränderung** des **Präsens-Stammes**[1].

---

[1] Diese Art der Perfekt-Bildung wird auch als „Stamm-Perfekt" bezeichnet.

10 G2 Nomen: Konsonantische Deklination: Substantive auf -ō, -ōnis und -ō, -inis

Substantive auf **-ō, -ōnis** und **-ō, -inis** bilden die obliquen Kasus (Genitiv, Dativ, Akkusativ, Ablativ) ohne oder mit Veränderung des Stammauslautes.

	Wortstamm	Endung	Erläuterungen
Sg. N.	legiō	–	< legiōn (→ L26)
G.	legiōn	is	
Sg. N.	homō	–	< homōn (→ L26)
G.	homin	is	< homonis (→ L17)

	die Legion	der Mensch
Sg. N.	legiō	homō
G.	legiōnis	hominis
D.		
Akk.	legiōnem	hominem
Abl.	cum legiōne	cum homine
Pl. N.	legiōnēs	hominēs
G.	legiōnum	hominum
D.		
Akk.	legiōnēs	hominēs
Abl.	cum legiōnibus	cum hominibus

→ Tab. I₁ (S. 146)

Substantive auf **-ō, -ōnis** und **-ō, -inis** sind meist **Feminina**; *homō* ist **Maskulinum**.

G3 Temporalsätze: postquam, ubī

① **Postquam** Līviī librōs **lēgī**,	Nachdem ich die Bücher des Livius **gelesen hatte**,
dē māgnā māteriā gaudēbam.	war ich voller Freude über den großartigen Stoff.
② Amīcōs dē Līviī librīs docuī,	Ich unterrichtete die Freunde über die Bücher des Livius,
ubī in lūdum **vēnī**.	**sobald** ich in die Schule **gekommen war / kam**.

▶ Der mit POSTQUAM/UBI eingeleitete Gliedsatz stellt eine Zeitangabe dar; er heißt deshalb **Temporalsatz** (*tempus:* Zeit).

▶ Der Indikativ Perfekt Aktiv bezeichnet im POSTQUAM-/UBI-Satz einen **abgeschlossenen Vorgang** der Vergangenheit.

▶ Der Temporalsatz erfüllt im Satz die **syntaktische Funktion** (Aufgabe) des **Adverbiales**.

10 *Im Satzmodell:*

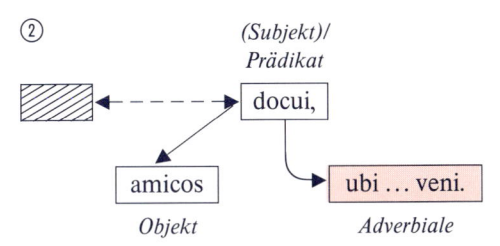

②　　　　　　　　 *(Subjekt)/*
　　　　　　　　　　Prädikat
▨ ◄- - - - -► docui,
　　　　　 ↙　　　↓
　　　amicos　　　ubi … veni.
　　　Objekt　　　*Adverbiale*

└→ **D**　　Im Deutschen wird bei der Darstellung eines vergangenen Geschehens im NACHDEM-/SOBALD-Satz das Plusquamperfekt verwendet; im SOBALD-Satz steht zuweilen auch das Präteritum.

11

Dativ – Dativ als Objekt
Interrogativ-Pronomen: QUIS? QUID?
Personal-Pronomen der 1. und 2. Person – Reflexiv-Pronomen

G1 Dativ – Dativ als Objekt

① Augustus   Augustus hat
   populō,   dem Volk (*als Ganzem*),
   patriae,   dem Vaterland,
   imperiō,   dem Reich,
   plēbī   dem (*einfachen*) Volk
   pācem dedit.   den Frieden gegeben.
② Pāx   Der Friede hat
   puerīs et puellīs,   (den) Jungen und Mädchen,
   virīs et mulieribus,   Männern und Frauen,
   cūnctīs ferē hominibus   (ja) fast allen Menschen
   placuit.   gefallen.

1.1 Bildung

Der **Dativ** ist in den einzelnen Deklinationsklassen unterschiedlich gebildet:

Deklinations-klasse	Singular		Plural	
	Wortstamm	Endung	Wortstamm	Endung
ā-Deklination	amīc—	**ae** (<*a -i)	amīc—	**ī** – s (<*a -is)
o-Deklination	serv—	**ō** (<*o -i)	serv—	**ī** – s (<*o -is)
Konsonantische Deklination	imperātor— homin— patr—	**ī**	imperātor— -i- homin— -i- patr— -i-	**bus**
	Wortstock	Ausgang	Wortstock	Ausgang

Zwischen Wortstamm und Endung *-bus* tritt in der Kons. Deklination der Bindevokal *-i-* (→ 5 G 1.1).

Der **Dativ** ist demnach an folgenden **Ausgängen** zu erkennen:

AUSGÄNGE DER DEKLINATIONEN					
	ā-Dekl.		o-Dekl.		Kons. Dekl.
	Sg.	Pl.	Sg.	Pl.	Sg.	Pl.
Nominativ	-a	-ae	-us/-um	-ī/-a	–/-s	-ēs
Genitiv	-ae	-ārum	-ī	-ōrum	-is	-um
Dativ	-ae	-īs	-ō	-īs	-ī	-ibus
Akkusativ	-am	-ās	-um	-ōs/-a	-em	-ēs
Ablativ	-ā	-īs	-ō	-īs	-e	-ibus

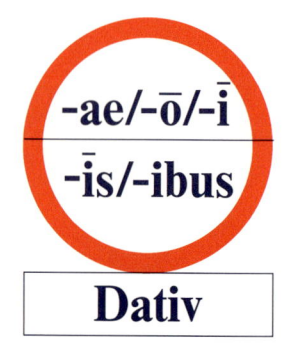

-ae/-ō/-ī
-īs/-ibus
Dativ

1.2 Deklinationsschema – Gesamtübersicht

Durch den **Dativ** wird das Deklinationsschema vervollständigt.

	ā-Deklination Femininum		o-Deklination Maskulinum		o-Deklination Neutrum		Konsonantische Deklination Maskulinum			
	Sg.	Pl.	Sg.	Pl.	Sg.	Pl.	Sg.	Pl.	Sg.	Pl.
Nominativ	amīca	amīcae	servus	servī	templum	templa	senātor	senātōrēs	homō	hominēs
Genitiv	amīcae	amīcā-rum	servī	servō-rum	templī	tem-plōrum	senātō-ris	senātō-rum	hominis	homi-num
Dativ	amīcae	amīcīs	servō	servīs	templō	tem-plīs	senātōrī	senātō-ribus	hominī	homi-nibus
Akkusativ	amīcam	amīcās	servum	servōs	templum	templa	senātōrem	senātōrēs	hominem	hominēs
Ablativ	cum amīcā	cum amīcīs	cum servō	cum servīs	in templō	in templīs	cum senātōre	cum se-nātōribus	cum homine	cum ho-minibus

→ Tab. I₁ (S. 146)

1.3 Dativ als Objekt

Mārcus dēlīberat:

① Cūnctīne hominēs deīs placent?   Gefallen alle Menschen den Göttern?

② Bonī deīs dōna dant.   Die Guten geben den Göttern Geschenke.

③ Certē dōna cūnctīs deīs placent.   Sicherlich gefallen allen Göttern Geschenke.

Der **Dativ** kann im Satz die **syntaktische Funktion** (Aufgabe) des **Objekts** (→ S6) erfüllen.

▶ Viele Verben (z. B. *placēre, licet*) erfordern als Ergänzung ein **Dativobjekt**.

> Der Dativ gibt an, WEM (etwas gefällt / etwas erlaubt ist).

▶ Manche Verben haben ein **Dativobjekt** und ein **Akkusativobjekt** (→ 4 G 2) nach sich (z. B. *dare, respondēre, dēbēre*).

Im Satzmodell:

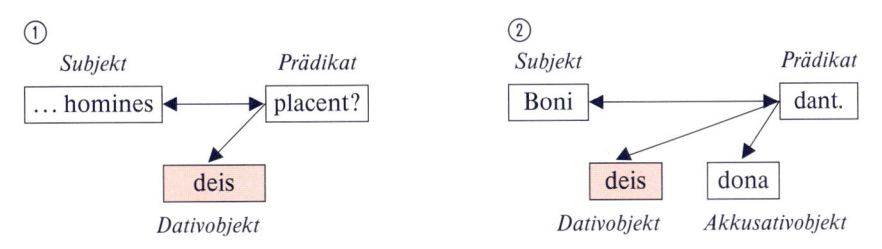

①
Subjekt — Prädikat
… homines ←→ placent?
      ↓
    deis
Dativobjekt

②
Subjekt — Prädikat
Boni ←→ dant.
   ↓   ↓
 deis   dona
Dativobjekt *Akkusativobjekt*

11 ▶ Das Dativobjekt kann wie das Akkusativobjekt durch ein adjektivisches **Attribut** erweitert sein; dieses stimmt mit dem Bezugswort in **Kasus**, **Numerus** und **Genus** (→ 2 G 3.1: Kongruenz) überein.

Im Satzmodell: ③

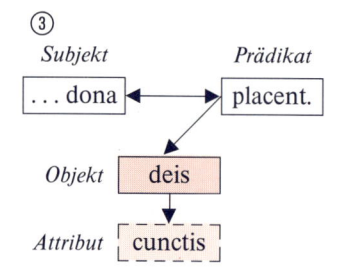

```
        Subjekt          Prädikat
        ...dona  ◄────►  placent.
                    │
                    ▼
         Objekt    deis
                    │
                    ▼
        Attribut  cunctis
```

G2 Interrogativ-Pronomen: QUIS? QUID?

① **Quis** amīcōs Mārcī docuit?   **Wer** hat die Freunde des Marcus unterrichtet?
② **Quid** disputāvērunt?   **Was** haben sie erörtert?
③ **Cui** respondērunt?   **Wem** haben sie Rede und Antwort gestanden?

Wie die Interrogativ-Adverbien (→ 7 G 2: CUR, UBI) kann auch das **Interrogativ-Pronomen** (Fragepronomen) QUIS?/QUID? einen Fragesatz einleiten. (→ 7 G 2.1)

Deklinationsschema

	Maskulinum/Femininum		Neutrum	
N.	quis?	wer?	quid?	was?
G.	cuius?	wessen?		
D.	cui?	wem?		
Akk.	quem?	wen?	quid?	was?
Abl.	dē quō?	über wen?		
	quōcum?	mit wem?		

→ Tab. II₄ (S. 148)

11 G3 Personal-Pronomen der 1. und 2. Person – Reflexiv-Pronomen

> *Diodotus:* „Heute spreche ich/sprechen wir über Oktavian."
> *Titus:* „Willst nur du sprechen? Können die Freunde etwas fragen?"
> *Diodotus:* „Sie können sich natürlich auch zu Wort melden."
>
> Das **Personal-Pronomen** spielt im **Gespräch zwischen Personen** über Personen (oder Dinge) eine wichtige Rolle:
> **1. Person:** *ich* steht für die Person, die von sich spricht –   Plural: *wir*
> **2. Person:** *du* steht für die Person, die angesprochen wird –   Plural: *ihr*
> **3. Person:** *er/sie/es* steht für die Person (oder Sache), über die
>   gesprochen wird –   Plural: *sie*
>
> Das **Personal-Pronomen** der **3. Person** wird häufig durch **Demonstrativ-Pronomina** ersetzt: diese weisen mit größerem Nachdruck auf die Person (oder Sache) hin, von der die Rede ist: z. B. *dieser, jener.*

3.1 Personal-Pronomen im Nominativ

① *Diodotus:*
  Nunc **disputāmus** dē Octāviānō.   Jetzt sprechen **wir** über Oktavian.
② *Titus:*
  Ego audiō, **tū** autem nārrās.   **Ich** höre zu, **du** aber erzählst.
③ *Amīcī:*
  Vōs disputātis, **nōs** audīmus.   **Ihr** diskutiert, **wir** aber hören nur zu.

▶ Wenn die **handelnde Person** nur durch das **Person-Zeichen** des Prädikats ausgedrückt ist (→ 1G 2.2; 3 G 1.2), ist sie **nicht betont**. ①

▶ Wenn die **handelnde Person** durch das **Personal-Pronomen im Nominativ** ausgedrückt ist, wird sie **stark betont**. Dies ist besonders bei **Gegensätzen** der Fall. ② ③

3.2 Personal-Pronomen der 1. und 2. Person: Deklination

① **Mihī/Nōbīs** multa nārrās.   Du erzählst mir/uns viel.
  Tibī/Vōbīs multa nārrāre placet.   Dir/Euch gefällt es, viel zu erzählen.
② **Mē/Nōs** ⎱
  Tē/Vōs ⎰ audīre iuvat.   Mich/Uns ⎱ freut es zuzuhören.
                                  Dich/Euch ⎰
③ **Dē mē/Dē nōbīs** ⎱
  Dē tē/Dē vōbīs ⎰ multa nārrās.   Über mich/uns ⎱ erzählst du viel.
                                         Über dich/euch ⎰

11 Das **Personal-Pronomen** wird wie ein Nomen dekliniert. ① ② ③
Die am häufigsten begegnenden Kasus findest du im **Deklinationsschema**:

| | Singular | | Plural | | Singular | | Plural | |
	1. Pers.	2. Pers.	1. Pers.	2. Pers.	1. Pers.	2. Pers.	1. Pers.	2. Pers.
N.	ego	tū	nōs	vōs	ich	du	wir	ihr
G.								
D.	mihī	tibī	nōbīs	vōbīs	mir	dir	uns	euch
Akk.	mē	tē	nōs	vōs	mich	dich	uns	euch
Abl.	dē mē / mēcum	dē tē / tēcum	dē nōbīs / nōbīscum	dē vōbīs / vōbīscum	über mich / mit mir	über dich / mit dir	über uns / mit uns	über euch / mit euch

→ Tab. II₁ (S. 148)

Die Präposition *cum* wird an den Ablativ des Personal-Pronomens angehängt:
z. B. *mēcum, vōbīscum*.

3.3 Reflexiv-Pronomen: Verwendung

① *Octāviānus dēliberat:*
Ego mihī ⎫ Antōnium ⎧ dēbeō.
Nōs nōbīs ⎭ conciliāre ⎩ dēbēmus.
② Profectō **Octāviānus sibi**
Antōnium conciliat.
③ Tum **Octāviānus** et **Antōnius**
inter sē pācem conciliant.
④ Mox autem **Antōnius sēcum**
dē bellō dēliberat.

Oktavian überlegt:
Ich muss **mir** ⎫ Antonius geneigt
Wir müssen **uns** ⎭ machen.
Tatsächlich gewinnt Oktavian
den Antonius für **sich**.
Darauf bringen Oktavian und
Antonius **untereinander** einen
Frieden zustande.
Bald aber denkt Antonius im Stillen
(bei sich) über einen Krieg nach.

Das **reflexive Personal-Pronomen** drückt aus, dass sich das im Prädikat genannte Geschehen auf die im **Subjekt** genannte Person zurückbezieht.

▶ Für die 1. und 2. Person Singular und Plural gibt es wie im Deutschen kein eigenes Reflexiv-Pronomen. ①

▶ **Nur** für die **3. Person** gibt es wie im Deutschen ein **eigenes Reflexiv-Pronomen**. ② ③ ④

Wie im Deutschen besteht kein Unterschied zwischen den Formen des Singulars und des Plurals.
Die am häufigsten begegnenden Kasus sind:

	3. Pers. Sing./Plur.	
N.	–	–
G.		
D.	sibī	sich
Akk.	sē	sich
Abl.	dē sē / sēcum	über sich / mit sich

12
Relativ-Pronomen: QUI, QUAE, QUOD – Relativsatz
Relativischer Satzanschluss
Personal-Pronomen der 3. Person und
Demonstrativ-Pronomen: IS, EA, ID
Textlehre: Verweis-Wörter (Pro-Formen)

G1 Relativ-Pronomen: QUI, QUAE, QUOD – Relativsatz

Imperātor Augustus,	Kaiser Augustus,
① **quī** Rōmānīs pācem dedit,	– der den Römern Frieden gegeben hat,
② **cuius** dē vītā Suetōnius nārrat,	– über dessen Leben Sueton erzählt,
nōbīs cūnctīs nōtus est.	ist uns allen bekannt.
Fortūna Rōmānīs,	Fortuna war den Römern,
③ **quibus** multa perīcula imminēbant,	– denen viele Gefahren drohten,
④ **quōs** māgna bella perturbābant,	– welche große Kriege beunruhigten,
favēbat.	gewogen.

1.1 Das **Relativ-Pronomen** QUI, QUAE, QUOD leitet einen **Gliedsatz** ein, der in enge Beziehung („Relation") zu einem **Nomen** des **übergeordneten Satzes** gerückt ist. Das Relativ-Pronomen ist also das sprachliche Element, durch das Gliedsatz und Hauptsatz miteinander verbunden sind.

▶ Das Relativ-Pronomen erscheint im gleichen **Numerus** und **Genus** wie das **Bezugswort** im **übergeordneten** Satz:
① ② *(imperātor) Augustus:* **Sg. Mask.** > *quī* bzw. *cuius*
③ ④ *Rōmānīs:* **Pl. Mask.** > *quibus* bzw. *quōs*

▶ Der **Kasus** des Relativ-Pronomens wird durch die **syntaktische Funktion** (Aufgabe) bestimmt, die das Relativ-Pronomen **innerhalb des Relativsatzes** erfüllt:
① *quī:* **Subjekt** im **Nominativ**
② *cuius:* **Genitivattribut**
③ *quibus:* **Dativobjekt**
④ *quōs:* **Akkusativobjekt**

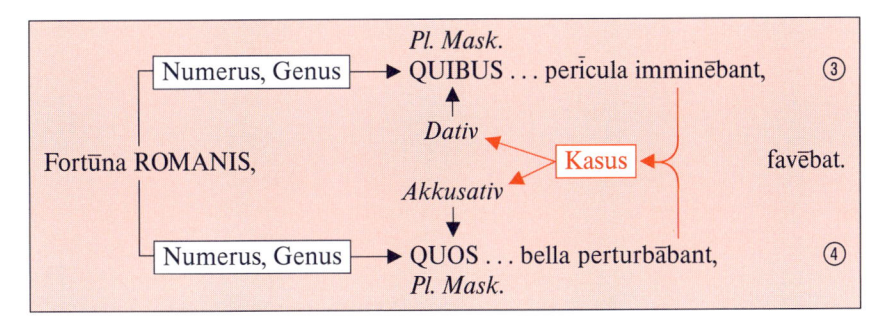

```
                          Pl. Mask.
   ┌─Numerus, Genus─┐ → QUIBUS ... perīcula imminēbant,     ③
   │                          ↑
   │                        Dativ ←──┐
 Fortūna ROMANIS,                   │ Kasus │          favēbat.
   │                      Akkusativ ←──┘
   │                          ↓
   └─Numerus, Genus─┘ → QUOS ... bella perturbābant,        ④
                          Pl. Mask.
```

1.2 Deklination

	Singular			Plural		
	quī, quae, quod welcher, welche, welches; der, die das					
	m	f	n	m	f	n
N.	**quī**	quae	**quod**	**quī**	quae	quae
G.		cuius		quōrum	quārum	quōrum
D.		cui			quibus	
Akk.	**quem**	quam	**quod**	quōs	quās	**quae**
Abl.	quō	quā	quō		quibus	
	quōcum	quācum	quōcum		**quibus**cum	

→ Tab. II₅ (S. 149)

Zu *cum* in *quōcum ... quibuscum* → 11 G 3.2.
Zu den Formen des Genitiv und Dativ Singular vergleiche die Deklination des Interrogativ-Pronomens (→ 11 G 2): **-ius, -i**.
Dativ und Ablativ Plural haben den Ausgang *-ibus* der Konsonantischen Deklination.

1.3 Verwendung

① Pāx **diūturna** ⎫ omnibus   Der **lang dauernde** Friede. ⎫ gefiel
② Pāx, **quae diū manēbat,** ⎭ placuit.   Der Friede, **der lang dauerte,** ⎭ allen.

Der **Relativsatz** kann ebenso wie ein Adjektiv ① (→ 2 G 3.1) ein Nomen näher bestimmen. Er erfüllt also wie ein Adjektiv die **syntaktische Funktion** (Aufgabe) eines **Attributs**. Er wird als **Attributsatz** bezeichnet. ②

Im Satzmodell:

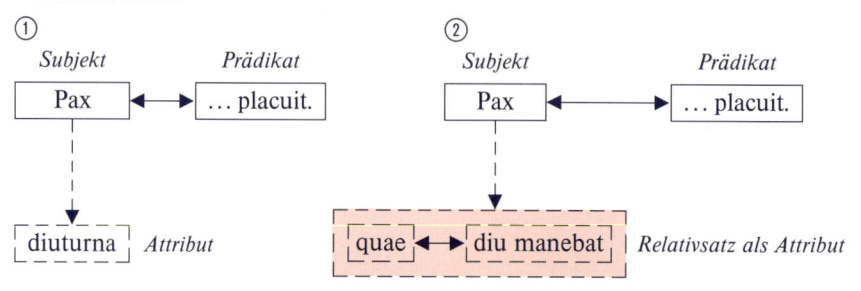

①
Subjekt ↔ *Prädikat*
Pax ↔ ... placuit.
↓
diuturna *Attribut*

②
Subjekt ↔ *Prädikat*
Pax ↔ ... placuit.
↓
quae ↔ diu manebat   *Relativsatz als Attribut*

G2 Relativischer Satzanschluss

① Imperātor Augustus,   Kaiser Augustus,
   quī Rōmānīs pācem dedit,   **der** den Römern Frieden gegeben hat,
   cūnctīs ferē nōtus est.   ist beinahe allen bekannt.
② Quis dē imperātōre Augustō   Wer hat nicht von Kaiser Augustus
   nōn audīvit?   gehört?
   Quī Rōmānīs pācem dedit.   **Dieser/Er** gab *nämlich* den Römern Frieden.

12 In ① leitet das Relativ-Pronomen QUI einen **Gliedsatz** ein, der in eine enge Beziehung zu dem Nomen IMPERATOR AUGUSTUS des übergeordneten Satzes gerückt ist: **Relativsatz als Attributsatz** (→ G 1.3).
In ② leitet QUI einen **selbstständigen Satz** ein. Dieser selbstständige Satz wird dadurch **logisch eng** an den vorausgehenden Satz **angeschlossen.** Diese enge Verbindung heißt

> **Relativischer Satzanschluss**

L → D   Im Deutschen wird der relativische Satzanschluss mit dem **Demonstrativ-Pronomen** (*dieser*) oder mit dem demonstrativ gebrauchten, daher **betonten Personal-Pronomen** (*er*) wiedergegeben. Die logische Verbindung mit dem vorausgehenden Satz wird im Deutschen meist durch ein passendes Bindewort (z. B. *nämlich/denn*) verdeutlicht. ②

G3 Personal-Pronomen der 3. Person und Demonstrativ-Pronomen: IS, EA, ID

Tiberius Iūliam nōn amāvit.	Tiberius hat Julia nicht geliebt.
① Nam mōrēs uxōris eī nōn placuērunt.	Denn der Charakter seiner Frau gefiel *ihm* nicht.
② Itaque **eam** mulierem mox relīquit.	Deshalb hat er *diese* Frau bald verlassen.
③ In eō librō, *quem* Suētōnius dē Tiberiō scrīpsit, multa dē vītā Iūliae invenīmus.	In *dem* Buch, *das* Sueton über Tiberius geschrieben hat, finden wir viel über Julias Leben.

3.1 IS, EA, ID kann in dreifacher Bedeutung stehen:
▶ als **Personal-Pronomen** der 3. Person: *er, sie, es* – Pl. *sie* ①,
▶ als **Demonstrativ-Pronomen**, das mit besonderem Nachdruck auf eine Person oder Sache hinweist: *dieser, diese, dieses* – Pl. *diese* ②,
▶ als **Demonstrativ-Pronomen**, das in einem übergeordneten Satz auf einen untergeordneten Relativsatz (→ 12 G 1.1) hinweist: *der(jenige), die(jenige), das(jenige)* – Pl. *die(jenigen)* ③.

3.2 Deklination

is, ea, id	1. er, sie, es
	2. dieser, diese, dieses
	3. der(jenige), die(jenige), das(jenige)

	Singular			Plural		
	m	f	n	m	f	n
N.	is	ea	id	eī (iī)	eae	ea
G.		**eius**		eōrum	eārum	eōrum
D.		**eī**			eīs (iīs)	
Akk.	eum	eam	id	eōs	eās	ea
Abl.	eō	eā	eō		eīs (iīs)	

→ Tab. II₃ (S. 148)

Der **Genitiv** Singular endet auf **-ius**,
der **Dativ** Singular auf **-ī** (→ 12 G 1.2).
In **beiden Kasus** besteht **kein Unterschied**
zwischen Maskulinum, Femininum und Neutrum.

▽ **is, ea, id / eius / eī**

3.3 Verwendung von IS, EA, ID zur Besitzangabe

① Iūlia mōribus **suīs** nōn doluit.   Julia litt unter **ihrem** (eigenen) Charakter nicht.

② Tiberiō autem mōrēs **eius** nōn placuērunt.   Dem Tiberius aber gefiel **ihr** (deren) Charakter nicht.

Der **Genitiv** des **Personal-Pronomens** der 3. Person (Sg.: *eius* – Pl.: *eōrum /eārum*) drückt zumeist ein Besitzverhältnis aus. Sg.: *sein(e) / ihr(e)* – Pl.: *ihr(e)*.
Er weist dann zumeist auf ein Nomen eines **anderen** Satzes hin. ② → ①
Im Gegensatz dazu bezieht sich das **reflexive Possessiv-Pronomen** SUUS, SUA, SUUM (→ 8 G 3) auf das Subjekt des **gleichen** Satzes. ①

T   Verweis-Wörter (Pro-Formen)

Sätze werden zu größeren Einheiten zusammengebunden auch durch Wörter und Wendungen, die auf vorher oder nachher Gesagtes verweisen. Solche rück- oder vorverweisenden sprachlichen Elemente, zumeist **Pronomina und umschreibende Wendungen**, nennt man **Verweis-Wörter (Pro-Formen** → T 2.5).
In Lektion 12 (Lektionstext) ergibt sich u. a. folgende ‚**Vernetzung**' der Aussagen durch Rück- und Vorverweise:

Imperātōrī Augustō Fortūna nōn … fāvit … Posteā *Agrippam Postumum et Tiberium* adoptāvit. *E quibus Agrippam* … abdicāvit. *Quem* posteā … trānsportā**vit**. Habuit **Augustus ūnam fīliam**, …, **Iūliam**. *Eam* prīmō fīliō sorōris suae, deinde, ubi *is* vītā cessit, *Mārcō Agrippae* … dedit. Cum *eō* **Iūlia** vīxit et usw.

Auch die Verweis-Wörter dienen dazu, den **Zusammenhang** (die Kohärenz) eines Textes zu verstärken (→ T 2.5).

13
Partizip Perfekt Passiv (PPP) – Perfekt Passiv
Zur Kasuslehre: Ablativ des Urhebers
PPP als Adverbiale: Participium coniunctum
– PPP als Attribut
Nomen: Konsonantische Deklination – Neutra

G1 Partizip Perfekt Passiv / Partizip der Vorzeitigkeit – Perfekt Passiv – Zur Kasuslehre: Ablativ des Urhebers

> **Partizip**
> Das **Partizip**[1] (Mittelwort) hat eine Mittelstellung zwischen Verbum und Adjektiv. Weil es einerseits vom Verbum abgeleitet, andererseits wie ein Adjektiv dekliniert und verwendet wird, hat es an beiden Wortarten teil.
> Man bezeichnet es daher auch als ein **Verbaladjektiv**.
> Im Lateinischen gibt es u. a.
> - ein Partizip Präsens Aktiv (vgl. **im Deutschen** „Partizip I": *rufe-nd*)
> - ein Partizip Perfekt Passiv (vgl. **im Deutschen** „Partizip II": *ge-frag-t*)
>
> **Genus verbi: Aktiv – Passiv**
> Eine Handlung kann so dargestellt werden, dass die Person oder Sache, die Subjekt ist, entweder
> - **selbsttätig** die Handlung vollzieht bzw. etwas bewirkt **(Aktiv)** oder
> - von ihr **betroffen** wird **(Passiv)**.
>
> Das **Passiv** kann wie das Aktiv in allen **Tempora** (Zeiten) erscheinen, z. B. ich *werde* gerufen, ihr *wurdet* gefragt.

1) *particeps, -cipis:* teilhabend

1.1 Partizip Perfekt Passiv (PPP)

Bildung	Präsens-Stamm	Bildungselement	Ausgänge der o-/ā-Deklination	
vocāre	vocā-	t	-us, -a, -um	gerufen
explēre	explē-	t	-us, -a, -um	erfüllt
audīre	audī-	t	-us, -a, -um	gehört
dēserere	dēser-	t	-us, -a, -um	verlassen

▶ Der **Präsens-Stamm** kann **verkürzt, erweitert** oder **verändert** werden:

	Präsens-Stamm		Partizip Perfekt Passiv	
adiuvāre	adiuvā-	> *adiuv-*	adiūtus, -a, -um → L 18.4	unterstützt
removēre	removē-	> *remov-*	remōtus, -a, -um → L 18.4	entfernt
relinquere	relinqu-	> *reliqu-*	relictus, -a, -um → L 24	zurückgelassen
cognōscere	cognōsc-	> *cognō-*	cognitus, -a, -um → L 17	erkannt
petere	pet-		petītus, -a, -um	erstrebt

13 ▸ Das **Bildungselement** -t kann sich zu -s- verändern:

vidēre	vidē- > vid-	vīsus, -a, -um → L 28, L 18.3	gesehen
occīdere	occīd-	occīsus, -a, -um → L 28	getötet
pellere	pell- > pel-	pulsus, -a, -um → L 16.2	getrieben

Das Partizip Perfekt Passiv (PPP) wird wie die dreiendigen Adjektive der o/ā-Deklination (→ Tab. I₂, S. 146) dekliniert.

1.2 Perfekt Passiv

> ① Puer vocātus est. Der Junge **ist gerufen worden / wurde gerufen**.
> ② Puellae vocātae sunt. Die Mädchen **sind gerufen worden / wurden gerufen**.

a) Bildung

Das **Perfekt Passiv** besteht aus zwei Wörtern:
– dem Partizip Perfekt Passiv (PPP),
– den Präsensformen von ESSE: *sum, es* usw. (→ Tab. VII₁, S. 167).

b) Konjugationsschema

Sg.	vocātus, -a, -um	sum	ich bin gerufen worden / wurde gerufen
		es	du bist gerufen worden / wurdest gerufen
		est	er/sie/es ist gerufen worden / wurde gerufen
Pl.	vocātī, -ae, -a	sumus	wir sind gerufen worden / wurden gerufen
		estis	ihr seid gerufen worden / wurdet gerufen
		sunt	sie sind gerufen worden / wurden gerufen

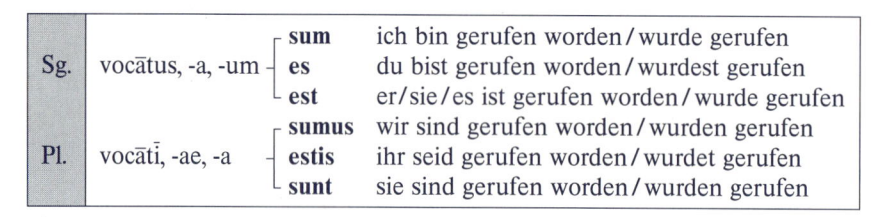

→ Tab. V₂ (S. 154)

L → D Für die Übersetzung des Perfekt Passiv gelten dieselben Regeln wie für die Übersetzung des Perfekt Aktiv (→ 9 G 3).

c) Syntaktische Funktion

In der Verbindung mit der Copula ESSE erfüllt das **Partizip Perfekt Passiv** (PPP) die **syntaktische Funktion** (Aufgabe) des **Prädikatsnomens** (→ 2 G 3.2). Das Partizip Perfekt Passiv (PPP) stimmt mit dem **Subjekt** des Satzes in **Kasus**, **Numerus** und **Genus** überein (→ 2 G 3.1: KöNiGs-Regel der Kongruenz).

Im Satzmodell:

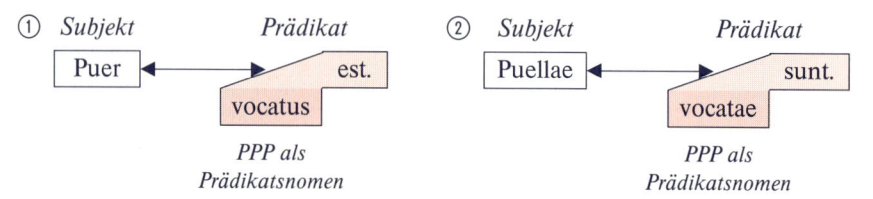

① *Subjekt*   *Prädikat*   ② *Subjekt*   *Prädikat*
  Puer ◄────► est.   Puellae ◄────► sunt.
       vocatus   vocatae

  PPP als   *PPP als*
  Prädikatsnomen   *Prädikatsnomen*

13 1.3 Zur Kasuslehre: Ablativ des Urhebers

① Augustus **ā fīliā** laesus est.	Augustus wurde **von seiner Tochter** gekränkt.
② Augustus **mōribus** fīliae laesus est.	Augustus wurde **durch die Sitten** seiner Tochter gekränkt.

Beim Passiv steht häufig der **Ablativ in Verbindung mit der Präposition ā/ab**; diese präpositionale Verbindung bezeichnet Personen als **Urheber** eines Geschehens: **Ablativus auctoris** ①.
Der **Ablativ ohne Präposition** bezeichnet dagegen beim Passiv häufig das **Mittel** oder **Werkzeug**, mit dessen Hilfe eine Handlung vollzogen wird (→ 5 G 1.3): **Ablativus instrumentalis** ②.

G2 Partizip Perfekt Passiv als Adverbiale und als Attribut

2.1 Partizip Perfekt Passiv (PPP) als Adverbiale: Participium coniunctum

① **Iūlia** ex Italiā **remōta** maesta erat.	– Julia war traurig, nachdem / als / weil } sie aus Italien verbannt worden war. nach / wegen } ihrer Verbannung aus Italien. – Julia war aus Italien verbannt worden; deshalb war sie traurig.
② Amīcī **Iūliam** ex Italiā **remōtam** nōn dēseruērunt.	– Die Freunde ließen Julia, nachdem / als / obwohl } sie aus Italien verbannt worden war, nach / trotz } ihrer Verbannung aus Italien nicht im Stich. – Julia war aus Italien verbannt worden; dennoch ließen ihre Freunde sie nicht im Stich.

a) **Erscheinungsform und syntaktische Funktion**

Die in den Sätzen ① und ② vorkommenden Partizipien (*remōta, remōtam*) beziehen sich **der Form nach** auf ein **bestimmtes Satzglied** (Subjekt bzw. Objekt). Die Partizipien sind mit diesen Satzgliedern durch Kongruenz (→ 2 G 3.1: KöNiGs-Regel) „verbunden".
Diese Partizipien enthalten für den Textinhalt wichtige Informationen über **Umstände**, unter denen sich der im Prädikat ausgedrückte Vorgang vollzieht.
Sie erfüllen also die **syntaktische Funktion** (Aufgabe) des **Adverbiales**.

13 *Im Satzmodell:*

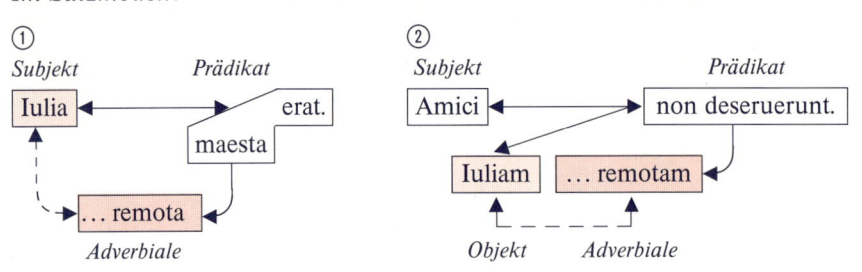

①
Subjekt — Prädikat
Iulia ← → erat.
         maesta
     ↓
   ... remota
   Adverbiale

②
Subjekt — Prädikat
Amici ← → non deseruerunt.
         ↑
    Iuliam ... remotam
    Objekt   Adverbiale

Solche Partizipien, die einerseits die syntaktische Funktion des Adverbiales erfüllen, andererseits mit einem anderen Satzglied in KNG-Kongruenz „verbunden" sind, nennt man

Participium coniunctum[1] (PC)

1) *con-iungere:* verbinden

b) Zeitverhältnis
Das **Partizip Perfekt Passiv** in der syntaktischen Funktion des Adverbiales drückt eine **Vorzeitigkeit** aus, d.h. die durch das Partizip Perfekt Passiv ausgedrückte Handlung liegt **zeitlich vor** der Handlung, über die das Prädikat eine Aussage macht:

Partizip der Vorzeitigkeit

c) Sinnrichtung
Das **Participium coniunctum** kann verschiedene **Sinnrichtungen** ausdrücken, z. B. eine *temporale, kausale* oder *konzessive*[1].
Die zutreffende Sinnrichtung muss aus dem jeweiligen Textzusammenhang erschlossen werden.

d) Übersetzung
Das Participium coniunctum kann wiedergegeben werden

- durch **Unterordnung**, d.h. durch Bildung eines Satzgefüges (→ 6 G 3.2),
- durch **Beiordnung**, d.h. durch Bildung einer Satzreihe (→ 6 G 3.1),
- durch **präpositionale Verbindung**.

1) < *con-cēdere:* zugestehen, einräumen

13

Sinnrichtung (semantische Funktion)	Übersetzungsmöglichkeiten des Participium coniunctum		
	mit Unterordnung/ Gliedsatz	mit Beiordnung/ Satzreihe	mit präpositionaler Verbindung
temporal/ zeitlich	nachdem, als	(und) danach	nach
kausal/ begründend	da, weil	(und) deshalb (und) daher	wegen, aufgrund, infolge
konzessiv/ einräumend	obwohl, obgleich	(und) trotzdem (und) dennoch	trotz

2.2 Partizip Perfekt Passiv (PPP) als Attribut

① Faustulus **pueros expositos** invēnit.
Faustulus fand die ausgesetzten Jungen/ die Jungen, die ausgesetzt worden waren.

② Ecce! Ibī est **āra** Pācis ab Augustō **aedificāta**.
Schau! Dort steht der Altar des Friedens, der von Augustus erbaut worden ist.

a) Syntaktische Funktion

Das **Partizip Perfekt Passiv** (PPP) kann auch die **syntaktische Funktion** (Aufgabe) des **Attributs** erfüllen (→ 2 G 3.1).
Es steht dann **nur zu einem nominalen Satzglied** (*Objekt* ①, *Subjekt* ②) in enger Beziehung, bestimmt aber nicht den Prädikatsvorgang näher.

Im Satzmodell:

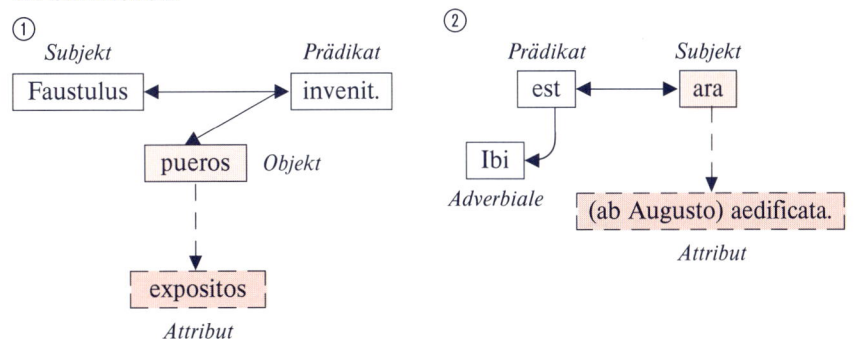

①
Subjekt → Prädikat
Faustulus → invenit.
pueros *Objekt*
expositos
Attribut

②
Prädikat ← Subjekt
est ← ara
Ibi
Adverbiale
(ab Augusto) aedificata.
Attribut

b) Übersetzung

L → D

Das als **Attribut** gebrauchte Partizip Perfekt Passiv (PPP) kann übersetzt werden
– durch ein **Partizip** ①,
– durch einen **Relativsatz** (→ 12 G 1) ① ②.
Die Übersetzung mit einem Relativsatz empfiehlt sich besonders, wenn das Partizip Perfekt Passiv (PPP) durch zusätzliche Angaben (z. B. *ab Augustō*) näher bestimmt ist. ②

13 **2.3 Partizip der Vorzeitigkeit: Adverbiale oder Attribut?**

▶ Wie das als **Adverbiale** gebrauchte **Partizip Perfekt Passiv** (→ 2.1: *Participium coniunctum*) drückt auch das als **Attribut** gebrauchte **Partizip Perfekt Passiv** (→ 2.2) eine **Vorzeitigkeit** aus.
Beide Partizipien können durch zusätzliche Angaben näher bestimmt sein.

▶ Im Lateinischen sind solche zusätzlichen Angaben zwischen Bezugswort und Partizip gestellt. Diese Stellung nennt man

> **GESCHLOSSENE WORTSTELLUNG**

Die Entscheidung darüber, ob das Partizip der Vorzeitigkeit (PPP) als **Adverbiale** oder als **Attribut** aufzufassen ist, kann nur aus dem Textzusammenhang getroffen werden.

G3 Nomen: Konsonantische Deklination – Neutra

Wie zur o-Deklination (→ 4 G 1.2: *templum, -ī*) gehören auch zur Konsonantischen Deklination Substantive mit **sächlichem** Geschlecht: **Neutra**.

Deklinationsschema

	Mensch	*Mutter*	*Name*	*Körper*	*Werk*
	Maskulinum	Femininum	Neutra		
Sg. N.	homō	māter	nōm*en*	corp*us*	op*us*
G.	hóm*inis*	mátr*is*	nóm*inis*	córp*oris*	óp*eris*
D.	hómin*ī*	mātr*ī*	nōmin*ī*	córpor*ī*	óper*ī*
Akk.	hómin*em*	mātr*em*	nōm*en*	corp*us*	op*us*
Abl.	hómin*e*	mātr*e*	nōmin*e*	córpor*e*	óper*e*
Pl. N.	hómin*ēs*	mātr*ēs*	nōmin*a*	córpor*a*	óper*a*
G.	hómin*um*	mātr*um*	nōmin*um*	córpor*um*	óper*um*
D.	homín*ibus*	mātr*ibus*	nōmín*ibus*	córpor*ibus*	opér*ibus*
Akk.	hómin*ēs*	mātr*ēs*	nōmin*a*	córpor*a*	óper*a*
Abl.	homín*ibus*	mātr*ibus*	nōmín*ibus*	córpor*ibus*	opér*ibus*

→ Tab. I₁ (S. 146)

Erläuterungen:
Im Nominativ und Akkusativ Singular ist immer der reine Wortstamm zu erkennen: *nōmen, corpus, opus.*
In allen anderen Kasus des Singular und Plural treten die Ausgänge an einen Wortstock, der einem *veränderten* Wortstamm entspricht, z. B. im Genitiv Singular:

13

	Wortstock	Ausgang	
N. Sg.	nōmen	-	
G. Sg.	nōm*in*	is	< nōmen-is (→ L 17)
N. Sg.	corpus	-	< corpos (→ L 21)
G. Sg.	corp*or*	is	< corpos-is (→ L 17; L 22)
N. Sg.	opus	-	< opos (< opes) (→ L 21)
G. Sg.	op*er*	is	< opes-is (→ L 17; L 22)

Beachte:
Wie bei den Neutra der o-Deklination haben auch bei den **Neutra** der **Konsonantischen Deklination Nominativ** und **Akkusativ** dieselbe Form.
Dabei haben Nominativ und Akkusativ **Plural** immer die Endung **-a**.

14
Nomen: ĭ-Deklination
Demonstrativ-Pronomen: IPSE, IPSA, IPSUM
Verbum: Indikativ Plusquamperfekt Aktiv und Passiv
Textlehre: Zeiten-Verwendung II

G1 Nomen: ĭ-Deklination

1.1 Formenbildung

Zur ĭ-Deklination gehören Substantive auf **-is** (z. B. *turris*), die **Feminina** sind, sowie einige **Neutra**, z. B. *mare* und *animal*.
Bei den Substantiven der ĭ-Deklination lautet der Stamm auf **-ĭ-** aus; **-ĭ-** ist demnach ihr **Kennvokal**.
Dieser Kennvokal ist in den meisten Kasusausgängen erhalten:

	Wortstamm		Endung
N. Sg.	turr	ĭ	s
G. Pl.	turr	ĭ	um
		Kennvokal	
	Wortstock	Ausgang	

Die **Ausgänge der ĭ-Deklination** lauten demnach:

	Sg.	Pl.
N.	-is / (-e)	-ēs / -ia
G.	-is	-ium
D.	-ī	-ibus
Akk.	-im / (-e)	-ēs / -ia
Abl.	-ī	-ibus

1.2
Ein Vergleich der **ĭ-Deklination** mit der **Konsonantischen Deklination** zeigt:
▶ Bei allen Substantiven unterscheiden sich Ablativ Singular (*-ī/-e*) und Genitiv Plural (*-ium/-um*).

▶ Darüber hinaus unterscheiden sich bei den Feminina der Akkusativ Singular (*-im/-em*), bei den Neutra Nominativ/Akkusativ Plural (*-ia/-a*).

14 Deklinationsschema

	Konsonant. Deklination	ĭ-Deklination		Konsonant. Deklination	ĭ-Deklination		
	Frau	*Turm*		*Name*	*Meer*	*Lebewesen*	
Sg. N.	mulier	turris		nōmen	mare	ánimal	
G.	mulíeris	turris		nōminis	maris	animālis	
D.	mulíerī	turrī		nōminī	marī	animālī	
Akk.	mulíerem	turrim	←-im	nōmen	mare	ánimal	
Abl.	ā mulíere	turrī	←-ī	nōmine	marī	animālī	←-ī
Pl. N.	mulíerēs	turrēs		nōmina	mária	animālia	←-ia
G.	mulíerum	túrrium	←-ium	nōminum	márium	animālium	←-ium
D.	mulíeribus	túrribus		nōmínibus	máribus	animālibus	
Akk.	mulíerēs	turrēs(-īs)		nōmina	mária	animālia	←-ia
Abl.	ā mulíeribus	túrribus		nōmínibus	máribus	animālibus	

→ Tab. I₁ (S. 146)

Die Endung im **Nominativ** und **Akkusativ Plural** der **Neutra** lautet wie in der Konsonantischen Deklination **-a** (→ 13 G 3: *nōmina*).

1.3 Die Deklination von **vīs** ist im Singular unvollständig, von **moenia** gibt es keine Formen im Singular.

	Kraft	*(Streit-)Kräfte*	*Mauern*
	Singular	Plural	Plural
N.	vīs	vīrēs	moenia
G.	–	vīrium	moenium
D.	–	vīribus	moenibus
Akk.	vim	vīrēs	moenia
Abl.	vī	vīribus	moenibus

G2 Demonstrativ-Pronomen: IPSE, IPSA, IPSUM

2.1 Deklination

	ipse, ipsa, ipsum		*selbst*			
	Singular			Plural		
	m	f	n	m	f	n
N.	ipse	ipsa	ipsum	ipsī	ipsae	ipsa
G.		ipsīus		ipsōrum	ipsārum	ipsōrum
D.		ipsī			ipsīs	
Akk.	ipsum	ipsam	ipsum	ipsōs	ipsās	ipsa
Abl.	ipsō	ipsā	ipsō		ipsīs	

→ Tab. II₃ (S. 148)

Der **Genitiv** Singular endet auf **-īus**, der **Dativ** Singular auf **-ī** (→ 12 G 3.2: *eius, eī*).

2.2 Verwendung

① Sychaeus, Dīdōnis coniūnx, ā frātre occīsus erat, Dīdō **ipsa** fugam capessīverat.	Sychaeus, Didos Ehemann, war von seinem Bruder getötet worden, Dido *selbst* hatte die Flucht ergriffen.
② Posteā rēgīna Dīdō Aenēam amāvit; Aenēās et **ipse** eam amāvit.	Später hat Königin Dido Äneas geliebt; Äneas *seinerseits* hat sie auch geliebt.
③ Sed ab **ipsō** patre deōrum dē officiō admonitus est.	Aber er wurde vom Göttervater *persönlich* an seine Pflicht erinnert.
④ Id **ipsum** apud Vergilium legimus.	*Gerade/Eben/Sogar* dies lesen wir bei Vergil.

L → D   **Ipse, ipsa, ipsum** hebt einen Begriff besonders stark hervor. Im Deutschen lässt sich *ipse* (*selbst* ①) je nach Textzusammenhang verschieden wiedergeben, z. B. durch *seinerseits* ②, *persönlich* ③ oder *gerade/eben/sogar* ④.

G3 Verbum: Indikativ Plusquamperfekt Aktiv und Passiv

Das **Plusquamperfekt** bezeichnet Vorgänge, die auf der Zeitstufe der **Vergangenheit**, aber schon **vor** einem anderen Vorgang abgelaufen sind.

3.1 Plusquamperfekt Aktiv – Bildung

Das **Plusquamperfekt Aktiv** wird vom **Perfekt-Aktiv-Stamm** (→ 9 G 2.1; 10 G 1) gebildet.

Perfekt-Aktiv-Stamm	Endung		
	Tempus-Zeichen	Person-Zeichen	
vocāv	era	t	er hatte gerufen
explēv	era	t	er hatte erfüllt
petīv	era	t	er hatte verlangt

hatte -era- war
Indikativ Plusquamperfekt

Das **Tempus-Zeichen** des **Plusquamperfekt Aktiv** ist **-era-**; es tritt zwischen den Perfekt-Aktiv-Stamm und das Person-Zeichen.

Dieses Tempus-Zeichen **-era-** besteht hier aus der Erweiterungssilbe *-er-* (< *is* → 9 G 2.3, wird vor Vokal zu *-er-*: Rhotazismus → L 22) und dem für das Imperfekt kennzeichnenden Vokal *-a-*.

Konjugationsschema

vocāveram	ich hatte	gerufen
vocāverās	du hattest	gerufen
vocāverat	er/sie/es hatte	gerufen
vocāverāmus	wir hatten	gerufen
vocāverātis	ihr hattet	gerufen
vocāverant	sie hatten	gerufen

Entsprechend vom Perfekt-Aktiv-Stamm:

auf **-v**:	explév-eram *usw.*	ich hatte erfüllt
	petív-eram *usw.*	ich hatte verlangt
auf **-u**:	timú-eram *usw.*	ich hatte gefürchtet
	genú-eram *usw.*	ich hatte erzeugt
	potú-eram *usw.*	ich hatte … können
auf **-s**:	máns-eram *usw.*	ich war geblieben
	dúx-eram *usw.*	ich hatte geführt
mit **Dehnung**:	vén-eram *usw.*	ich war gekommen
	lég-eram *usw.*	ich hatte gelesen
mit **Reduplikation**:	déd-eram *usw.*	ich hatte gegeben
	didíc-eram *usw.*	ich hatte gelernt
ohne **Veränderung**:	comprehénd-eram	ich hatte erfasst
fu- (von ESSE):	fúeram, fúerās *usw.*	ich war gewesen

→ Tab. V₂ (S. 153)

3.2 Plusquamperfekt Passiv – Bildung

Das **Plusquamperfekt Passiv** besteht aus zwei Wörtern:
- dem Partizip Perfekt Passiv (PPP) (→ 13 G 1.1),
- den Imperfektformen von ESSE: *eram, erā*s usw. (→ Tab. VII₁, S. 167)

Konjugationsschema

Sg.	vocātus, -a, -um	**eram** **erās** **erat**	ich war du warst er/sie/es war	gerufen worden
Pl.	vocātī, -ae, -a	**erāmus** **erātis** **erant**	wir waren ihr wart sie waren	gerufen worden

→ Tab. V₂ (S. 154)

3.3 Plusquamperfekt: Verwendung

① Menelāus valdē dolēbat, quod Paris Hélenam ē Graeciā **abdūxerat**.
Menelaus war sehr betrübt, weil/dass Paris Helena aus Griechenland **entführt hatte**.

② Itaque ducibus Graecōrum Trōiam expūgnāre plac**uit**.
Daher beschlossen die Heerführer der Griechen Troja zu erobern.

③ Trōia vix **expūgnāta erat**, cum Graecī ipsī uxōrēs Trōiānōrum abdūxērunt.
Kaum **war** Troja **erobert worden**, als die Griechen selbst die Frauen der Trojaner (als Beute) wegführten.

14 Das **Plusquamperfekt** ist ein Tempus der Vergangenheit.
Es bezeichnet die **Vorgeschichte** einer beschriebenen Situation (*dolēbat* ①) oder eines erzählten Hauptgeschehens (*placuit* ②, *abdūxērunt* ③) in der Vergangenheit, deren Kenntnis Voraussetzung für das Verständnis der Situation und des Geschehens ist.
Dabei kann das Geschehen der Vorgeschichte noch weiterwirken (*abdūxerat* ① → *placuit* ②) oder bereits zum Abschluss gekommen sein (*expūgnāta erat* ③).

T **Zeiten-Verwendung II**

Das **Imperfekt** (→ 9 G 3.1) kennzeichnet den **Geschehenshintergrund** vergangener Ereignisse, Vorgänge oder Situationen. Dagegen gibt das **Plusquamperfekt** Informationen über die **Vorgeschichte** einer Situation oder eines Geschehens in der Vergangenheit. **Imperfekt** und **Plusquamperfekt** tragen also dazu bei, den **Zusammenhang** (die **Kohärenz**) eines Textes zu verstärken und seinen **Aufbau** zu verdeutlichen (→ T 2.4).

15 Akkusativ mit Infinitiv (AcI):
Konstruktion, syntaktische Funktion, Übersetzung
Kongruenz – Pronomina der 3. Person im AcI
Textlehre: Erzählung

Der **Akkusativ mit Infinitiv** ist ein Bauelement eines Satzes, das auch im Deutschen im Anschluss an bestimmte Verben (z. B. hören, sehen, fühlen) vorkommt:

>Ich sehe ihn kommen.
>Vater ließ die Kinder weggehen.

Das Bauelement „Akkusativ mit Infinitiv" hat den Stellenwert eines eigenständigen Satzes, der aus Subjekt und Prädikat besteht. Dies wird deutlich, wenn man den Sachverhalt, den der Akkusativ mit Infinitiv enthält, folgendermaßen umschreibt:

>Ich sehe, dass er kommt.
>Der Vater ließ zu, dass die Kinder weggingen.

Der AcI stellt deshalb eine **satzwertige Konstruktion** dar.
Für das Lateinische ist der AcI eine charakteristische Wortverbindung.

ACCUSATIVUS CUM INFINITIVO (AcI)

G1 Akkusativ mit Infinitiv (AcI): Konstruktion, syntaktische Funktion, Übersetzung

① Lāocoōn
    Trōiānōs in perīculō **esse** *putat*.
② Itaque *affirmat*
    Ulixem Trōiānīs saepe
      īnsidiās **parāvisse**.
③ Lāocoōn valdē *dolet*
    Trōiānōs verbīs suīs
      nōn **crēdere**.
④ **Eōs** autem ā sacerdōte
    bene **monitōs esse**
    appāret.

Laokoon *glaubt*,
    dass die Trojaner in Gefahr **sind**.
Daher *behauptet* er,
    dass Odysseus den Trojanern schon
      oft eine Falle **gestellt hat / habe**.
Laokoon *ist* sehr (darüber) *betrübt*,
    dass die Trojaner seinen Worten
      nicht **glauben**.
Dass sie aber von dem Priester
    zu Recht **gewarnt worden sind**,
    ist offensichtlich.

15 1.1 Konstruktion des AcI

Das Bauelement AcI in ① ⟨Trōiānōs in perīculō esse⟩ ist so aufgebaut, dass ein ‚**Subjekt**' (*im Akkusativ*) und ein ‚**Prädikat**' (*im Infinitiv*) einen vollständigen Satz bilden.

Dieser Satz macht eine Aussage über einen Sachverhalt, der als tatsächlich aufgefasst wird:

⟨Trōiānī in perīculō sunt.⟩

Der AcI stellt also eine **satzwertige Konstruktion** dar.

Trōiānī in perīculō sunt.
Lāocoōn ⟨Trōiānōs in perīculō esse⟩ putat.

AcI

Folgende Infinitivformen sowohl des Aktivs als auch des Passivs können u. a. innerhalb eines AcI die Funktion des Prädikats übernehmen:

Infinitiv der Gleichzeitigkeit – gebildet vom **Präsens-Stamm** (→ 2 G 1.2; 3 G 2)
Aktiv: vocā-*re*, monē-*re*, audī-*re*, dīc-e-*re*, es-*se*
Passiv: Bildung → 21 G 1.2

Infinitiv der Vorzeitigkeit – gebildet vom **Perfekt-Aktiv-Stamm** bzw. **Perfekt-Passiv-Stamm** (→ 9 G 2; 13 G 1.2)
Aktiv: vocāv-*isse*, monu-*isse*, audīv-*isse*, dīx-*isse*, fu-*isse*
Passiv: vocā-*tum, -tam, -tum*   monī-*tum, -tam, -tum*
             esse   *esse*
            audī-*tum, -tam, -tum*   dīc-*tum, -tam, -tum*
             esse   *esse*

▶ Der Infinitiv der **Gleichzeitigkeit** drückt aus, dass der Vorgang des AcI **gleichzeitig** mit dem Vorgang des Satzes abläuft.

▶ Der Infinitiv der **Vorzeitigkeit** drückt aus, dass der Vorgang des AcI **vor** dem Vorgang des Satzes bereits **abgeschlossen**, also **vorzeitig** ist.

1.2 Syntaktische Funktion des AcI

Der AcI findet sich oft nach:
① Verben des **Glaubens**, der **Wahrnehmung**, des **Wissens**, z. B.
   putāre, crēdere; vidēre, audīre; (ne-)scīre
② Verben des **Sagens**, z. B.
   dīcere, affirmāre, nārrāre, clāmāre
③ Verben der **Gemütsbewegung**, z. B.
   gaudēre, dolēre
④ **unpersönlichen** Ausdrücken, z. B.
   appāret, cōnstat

Der AcI erfüllt
im Anschluss an die Verben der Gruppen ① – ③
die **syntaktische Funktion** (Aufgabe) des **Objekts**,
im Anschluss an unpersönliche Ausdrücke ④
die **syntaktische Funktion** (Aufgabe) des **Subjekts**.
Daher wird das Satzbauelement AcI nicht durch Komma abgetrennt.

Im Satzmodell:

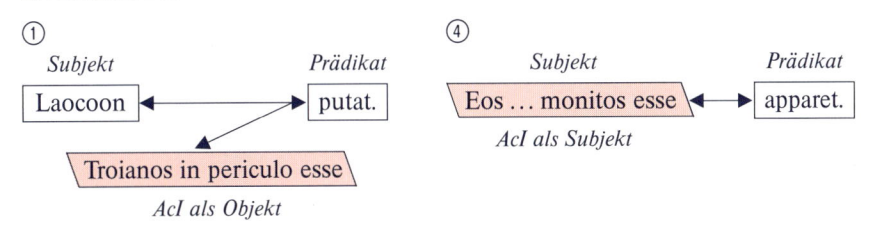

①
Subjekt	Prädikat
Laocoon	putat.

Troianos in periculo esse
AcI als Objekt

④
Subjekt	Prädikat
Eos … monitos esse	apparet.

AcI als Subjekt

1.3 Übersetzung des AcI

Lāocoōn	① Laokoon glaubt,
Trōiānōs in perīculō **esse**	**dass** die Trojaner in Gefahr **sind/seien**.
putat.	② Laokoon glaubt,
	die Trojaner **sind/seien** in Gefahr.

Die Übersetzung des AcI erfordert in der Regel einen **Umbau der Satzstruktur** in einen **Gliedsatz** mit **dass**-Anschluss. ①
Manchmal lässt sich der AcI auch in einer **verkürzten** Struktur wiedergeben. ②
Es gilt folgende Umbauregel:

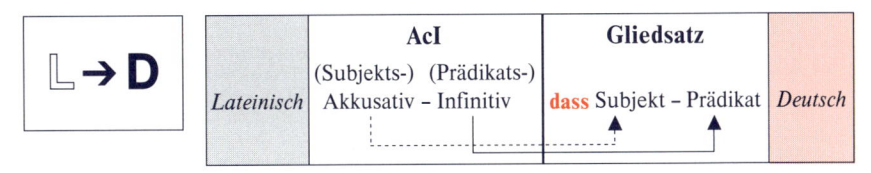

		AcI	Gliedsatz	
L→D	*Lateinisch*	(Subjekts-) (Prädikats-) Akkusativ – Infinitiv	**dass** Subjekt – Prädikat	*Deutsch*

Das Tempus im deutschen Gliedsatz wird vom Tempus des Prädikats im Satz und vom Zeitverhältnis bestimmt:

15 Gleichzeitigkeit

Appāret Ulixem dolō pūgnāre. **Appāruit** Ulixem dolō pūgnāre.	Es **ist** offensichtlich, dass Odysseus mit List **kämpft**. Es **war** offensichtlich, dass Odysseus mit List **kämpfte**.

Vorzeitigkeit

Multī **nesciunt** Ulixem Trōiānīs īnsidiās parā**visse**. Multī **nesciēbant** Ulixem Trōiānīs īnsidiās parā**visse**.	Viele **wissen** nicht, dass Odysseus den Trojanern eine Falle **gestellt hat**. Viele **wussten** nicht, dass Odysseus den Trojanern eine Falle **gestellt hatte**.

G2 Akkusativ mit Infinitiv (AcI): Kongruenz – Pronomina der 3. Person im AcI

2.1 Kongruenz im AcI: Attribut und ‚Prädikatsnomen'

① Lāocoōn ab Ulixe īnsidiās **malās** **parātās** esse putat. ② Is enim prūdenti**am** eius **māgnam** esse scit.	Laokoon glaubt, dass von Odysseus eine *üble* Falle *gestellt worden* ist/sei. Er weiß nämlich, dass seine Gerissenheit *groß* ist.

Sowohl das **Attribut** (*malās* ①) als auch das ‚**Prädikatsnomen**' (*parātās* ① und *māgnam* ②) im AcI richten sich entsprechend den Regeln der KNG-Kongruenz (→ 2 G 3.1/2) nach dem ‚**Subjekt**' im AcI; wie das ‚Subjekt' stehen also auch **Attribut** und ‚**Prädikatsnomen**' im **Akkusativ**.

Im Satzmodell:

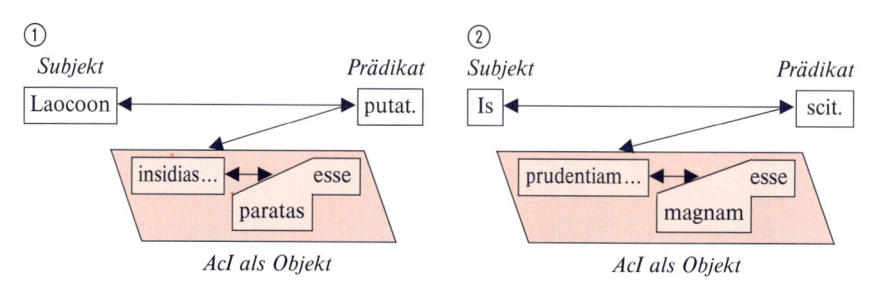

①
Subjekt — Prädikat
Laocoon ⇔ putat.
insidias... ⇔ esse
paratas
AcI als Objekt

②
Subjekt — Prädikat
Is ⇔ scit.
prudentiam... ⇔ esse
magnam
AcI als Objekt

15 2.2 Pronomina der 3. Person im AcI

Laocoön sōlus inter Trōiānōs prūdentiam Ulixis timet.	Allein Laokoon fürchtet unter den Trojanern die Gerissenheit des Odysseus.
① Lāocoön EUM cum dolō EIS īnsidiās parāre scit.	Laokoon weiß, dass **er ihnen** listig eine Falle stellt.
② Itaque Lāocoön SĒ / vītam SUAM in perīculō esse putat.	Daher glaubt Laokoon, **er / sein** Leben sei in Gefahr.
③ Sed multī Trōiānī SIBI / vītae SUAE perīculum imminēre negant.	Aber viele Trojaner sagen, dass **ihnen / ihrem** Leben keine Gefahr drohe.

▶ **Personal-Pronomen**
Das **nicht-reflexive** Personal-Pronomen der 3. Person IS, EA, ID ① weist auf ein Nomen im **vorausgehenden** Satz hin: EUM → *Ulixis*; EIS → *Trōiānōs*.

▶ **Reflexiv-Pronomen in Beziehung auf das Subjekt des Satzes**
Reflexives Personal-Pronomen (→ 11 G 3.3) und **reflexives Possessiv-Pronomen** (→ 8 G 3.1) beziehen sich in der Regel auf das **Subjekt des Satzes** „zurück". ② ③

Beachte dabei die unterschiedlichen Bedeutungen von SE, das bei Übersetzung des AcI durch einen mit „dass" eingeleiteten Gliedsatz mit dem Personal-Pronomen der 3. Person (*er, sie, es; sie*) wiedergegeben werden muss:

① Amīcus	**SE**	content**um** esse dīcit.
② Amīcī		content**ōs** esse dīcunt.
③ Amīca		content**am** esse dīcit.
④ Amīcae		content**ās** esse dīcunt.

L→D
① Der Freund bezeichnet *sich* als zufrieden. — Der Freund sagt, dass **er** zufrieden ist.
② Die Freunde bezeichnen *sich* als zufrieden. — Die Freunde sagen, dass **sie** zufrieden sind.
③ Die Freundin bezeichnet *sich* als zufrieden. — Die Freundin sagt, dass **sie** zufrieden ist.
④ Die Freundinnen bezeichnen *sich* als zufrieden. — Die Freundinnen sagen, dass **sie** zufrieden sind.

15 ▸ Reflexiv-Pronomen in Beziehung auf das „Subjekt" des AcI

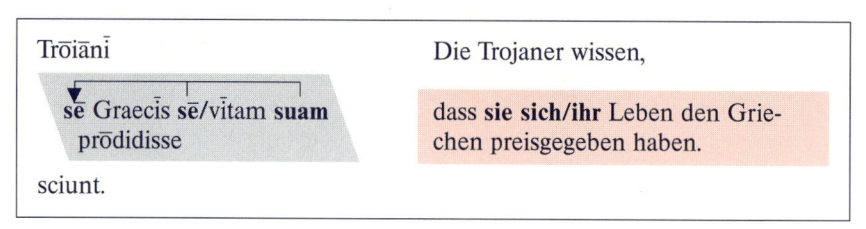

Trōiānī ... sē Graecīs sē/vītam suam prōdidisse sciunt.

Die Trojaner wissen, dass **sie sich/ihr** Leben den Griechen preisgegeben haben.

Das **reflexive Personal-Pronomen** und das **reflexive Possessiv-Pronomen** können selbstverständlich auch in **Rückbeziehung** auf das ‚Subjekt' des AcI stehen.

In diesem Falle wird das reflexive Personal-Pronomen durch das Reflexiv-Pronomen (*sich*) wiedergegeben.
Die Entscheidung darüber, welche der beiden Übersetzungsmöglichkeiten jeweils vorliegt, kann nur aus dem Textzusammenhang getroffen werden.

T Erzählung

Erzählende Texte (→ T 3.1) haben entweder **persönliche Erlebnisse** des Autors oder **historische Ereignisse**, Geschichten, Episoden, Fabeln oder Sagen zum Thema.
In der **Erlebnis**erzählung tritt der Erzähler in den Vordergrund (1. Person), in der **geschichtlichen** Erzählung bleibt er im Hintergrund.

Tempus-Verwendung:
Vorherrschendes Tempus der Erzählung ist im Lateinischen das **Perfekt: narratives Perfekt.**
Das Perfekt kennzeichnet den im Vordergrund stehenden Erzählvorgang vom Anfang über den Höhepunkt bis zum Ende des erzählten Geschehens.
Innerhalb der Erzählung können aber auch andere Tempora auftreten:
Das **Plusquamperfekt** ist das Tempus, mit dem der Erzähler über die **Vorgeschichte** des Hauptgeschehens informiert (→ 14 T).
Das **Imperfekt** kennzeichnet den **Geschehenshintergrund**, also Handlungen und Umstände, die die Haupthandlung begleiten (→ 14 T; 9 G 3.1).
Das **Präsens** wählt der Erzähler gelegentlich, wenn er den **Höhepunkt** des erzählten Vorgangs als unmittelbar erlebt darstellen will: **dramatisches Präsens.**

Gliederung:
Die Phasen des erzählten Vorgangs lassen sich außer durch die Tempora vor allem nach den **Zeitkonnektoren** (temporale Adverbien und Konjunktionen) unterscheiden. Diese fehlen häufig auf dem Höhepunkt der Erzählung; dadurch entsteht der Eindruck einer beschleunigten Abfolge der Ereignisse.

16
Verbum: Futur I Aktiv
Nomen: Konsonantische Deklination – Mischdeklination
Demonstrativ-Pronomen: ILLE, ILLA, ILLUD

G1 Verbum: Futur I Aktiv

Das Futur I bezeichnet Vorgänge und Handlungen, die in der Zeitstufe der **Zukunft ablaufen**.

1.1 Bildung

▶ ā-/ē-Konjugation

Präsens-Stamm	Endung		
	Tempus-Zeichen	Bindevokal	Person-Zeichen
vocā-	b		ō
vidē-	b		ō
vocā-	b	i	mus
vidē-	b	u	nt

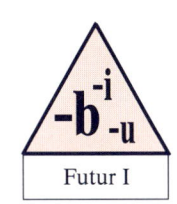

$$-b\,{}^{-i}_{-u}$$ Futur I

Die deutsche Sprache bildet das Futur I durch Verbindung des Hilfszeitworts WERDEN mit dem Infinitiv eines Verbums, z. B. ich werde rufen, sie werden sehen.

Im Lateinischen sind die Formen des **Futur I** als Zeitformen der Zukunft an einem besonderen **Tempus-Zeichen** erkennbar. Das **Tempus-Zeichen** des **Futur I** ist in der ā-/ē-Konjugation – **b**-. Vor einem **konsonantisch** anlautenden Person-Zeichen steht ein **Bindevokal -ĭ-** oder **-ŭ-** (Vokalentfaltung → L 20.1).

▶ ī-Konjugation und Konsonantische Konjugation

Präsens-Stamm	Endung	
	Tempus-Zeichen	Person-Zeichen
venī-	a	m
dīc-	a	m
venī-	ē	mus
dīc-	e	nt

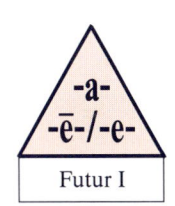

-a- / -ē-/-e-
Futur I

Das **Tempus-Zeichen** des **Futur I** ist in der **ī-Konjugation** und in der **Konsonantischen Konjugation** für die 1. Person Singular **-a-**, für alle anderen Formen dieser Konjugation **-ē-/-e-**.
Dieses Tempus-Zeichen tritt zwischen Präsens-Stamm und Person-Zeichen.

1.2 Konjugationsschema

	ā-Konjugation	ē-Konjugation
Sg. 1. Pers.	vocábō ich werde rufen	vidébō ich werde sehen
2. Pers.	vocábis du wirst rufen	vidébis du wirst sehen
3. Pers.	vocábit er/sie/es wird rufen	vidébit er/sie/es wird sehen
Pl. 1. Pers.	vocábimus wir werden rufen	vidébimus wir werden sehen
2. Pers.	vocábitis ihr werdet rufen	vidébitis ihr werdet sehen
3. Pers.	vocábunt sie werden rufen	vidébunt sie werden sehen

→ Tab. V_1 (S. 151)

	i-Konjugation	Konsonantische Konjugation
Sg. 1. Pers.	véniam ich werde kommen	dícam ich werde sagen
2. Pers.	vénies du wirst kommen	díces du wirst sagen
3. Pers.	véniet er/sie/es wird kommen	dícet er/sie/es wird sagen
Pl. 1. Pers.	veniémus wir werden kommen	dicémus wir werden sagen
2. Pers.	veniétis ihr werdet kommen	dicétis ihr werdet sagen
3. Pers.	vénient sie werden kommen	dicent sie werden sagen

1.3 ESSE – POSSE

Die Formen des Futur I von ESSE/POSSE werden vom Präsens-Stamm **er-** gebildet.

érō	ich werde	⎫	pót-erō	ich werde	⎫
éris	du wirst	⎬ sein	pót-eris	du wirst	⎬ können
érit	er/sie/es wird	⎭	pót-erit	er/sie/es wird	⎭
érimus	wir werden	⎫	pot-érimus	wir werden	⎫
éritis	ihr werdet	⎬ sein	pot-éritis	ihr werdet	⎬ können
érunt	sie werden	⎭	pót-erunt	sie werden	⎭

Der Präsens-Stamm *er-* hat sich durch Rhotazismus (→ L 22) aus *es-* entwickelt (→ 9 G 1.3; 3 G 2.2).

Vor einem konsonantisch anlautenden Person-Zeichen steht ein Bindevokal *-i-* oder *-u-* (→ G 1.1).

Ein gesondertes Tempus-Zeichen gibt es nicht.

16 1.4 Verwendung des Futur I

① Mox ad tē veniam.	Bald **werde** ich zu dir **kommen** / komme ich …
② Diū apud tē manēbō.	Ich **werde** lang bei dir **bleiben**.
③ Tum tibī dīcam, quod ipse vīdī.	Dann **will** ich dir sagen, was ich persönlich gesehen habe.
④ Igitur mē exspectābis.	Also **sollst** du auf mich warten!

Das **Futur I** ist die Zeitform der **Zukunft** und der **Vorausschau**.
▸ Das Futur I bezeichnet demnach Handlungen und Geschehnisse,
  die in der Zukunft **eintreten** werden ①,
  die in der Zukunft **andauern** werden ②.
▸ Das Futur I kann als Tempus der Vorausschau auch ankündigen,
  was jemand tun **will** ③,
  was jemand tun **soll** ④.

G2 Nomen: Konsonantische Deklination – Mischdeklination

Als **Mischdeklination** wird eine Gruppe von Substantiven bezeichnet, deren Deklination mit einer Ausnahme in allen Kasus der **Konsonantischen Deklination** (→ 11 G 1.1) gleicht: nur der **Genitiv Plural** entspricht dem der **i-Deklination** (→ 14 G 1).

Deklinationsschema

	Konsonant. Deklination	Mischklasse		i-Deklination
	Sieger	*Stadt*	*Grenze*	*Turm*
Sg. N./V.	victor	urbs	finis	turris
G.	victōris	urbis	finis	turris
D.	victōrī	urbī	finī	turrī
Akk.	victōrem	urbem	finem	turrim
Abl.	ā victōre	urbe	fine	turrī
Pl. N./V.	victōrēs	urbēs	finēs	turrēs
G.	victōrum	urb**ium**	fin**ium**	turr**ium**
D.	victōribus	urbibus	finibus	turribus
Akk.	victōrēs	urbēs	finēs	turrēs (-īs)
Abl.	ā victōribus	urbibus	finibus	turribus

◁ **-ium**

→ Tab. I₁ (S. 147)

Erläuterungen:
Zur Mischdeklination gehören Substantive mit der **Nominativ-Singular-Endung -s**.
Die **Nominativ-Singular-Formen** der Substantive der Mischdeklination sind in der Regel
▸ entweder **einsilbig**: *urb*s, *Gen. Sg. urb*is: *mōn*s (< *mont-s*), *Gen. Sg. mont*is
▸ oder **zweisilbig**: *fini*s, *Gen. Sg. fini*s; *nāvi*s, *Gen. Sg. nāvi*s

16 G3 Demonstrativ-Pronomen: ILLE, ILLA, ILLUD

3.1 Deklination

ille, illa, illud			*jener, jene, jenes*		
Singular			Plural		
m	f	n	m	f	n
N. ille	illa	illu*d*	illī	illae	illa
G.	illīus		illōrum	illārum	illōrum
D.	illī		illīs		
Akk. illum	illam	illu*d*	illōs	illās	illa
Abl. illō	illā	illō	illīs		

→ Tab. II₃ (S. 148)

Beachte: Genitiv und Dativ Singular (→ 14 G 2.1: ipsīus bzw. ipsī)

3.2

Magister:

① **Illīs** temporibus,   In **jenen** (*alten*) Zeiten,
    quibus Rōma condita est,   in denen Rom gegründet wurde,
    vīta hominum aspera erat.   war das Leben der Menschen hart.
② Tum Rōmulus et Remus,   Damals haben Romulus und Remus,
    illī frātrēs ā lupā servātī,   **jenes** (*berühmte*) Brüderpaar,
    hominēs adiūvērunt.   das von einer Wölfin gerettet worden war,
        den Menschen geholfen.

ILLE, ILLA, ILLUD weist hin auf
▶ das, was **zeitlich** und **räumlich entfernt** vom Sprechenden liegt ①,
▶ geschichtlich **berühmte** Personen und Dinge ②.

17 Verbum: ĭ-Konjugation (Präsens-Stamm, Perfekt Aktiv und Partizip Perfekt Passiv
Zur Kasuslehre: Dativ des Besitzers

G1 Verbum: ĭ-Konjugation (Präsens-Stamm, Perfekt Aktiv und Partizip Perfekt Passiv)

Neben den **lang**vokalischen Konjugationen (ā-, ē-, ī-Konjugation) kennt das Lateinische auch eine **kurz**vokalische Konjugation.

1.1 Präsens-Stamm

Der Präsens-Stamm der kurzvokalischen Konjugation lautet auf den kurzen Vokal -ĭ- aus.

Konjugationsschema

	Langvokalische Konjugation	Kurzvokalische Konjugation	Konsonantische Konjugation
Präsens-Stamm	venī-	capĭ-	cēd-
Präsens	vénĭō (→ L 18.2)	cápĭō	cḗdō
	vénīs	cápĭs	cḗdis
	vénĭt	cápĭt	cḗdit
	venímus	cápĭmus	cḗdimus
	venítis	cápĭtis	cḗditis
	vénĭunt	cápĭunt	cḗdunt
Imperativ	vénī!	cápe!	cḗde!
	venīte!	capĭte!	cḗdite!
Infinitiv	venīre	cápere	cḗdere

-ĭ- ist ein sog. Halbvokal (→ L 5); -ĭ- wird vor -r- zu -ĕ-: capĕ-re (→ L 17: Vokalschwächung). Die **3. Person Plural Präsens** ist durch den Bindevokal -ŭ- erweitert, vgl. véni-ŭ-nt und cēd-ŭ-nt.

Beachte die **Betonungsunterschiede** gegenüber der **lang**vokalischen ī-Konjugation:

ī-Konjugation	ĭ-Konjugation
venímus	cápĭmus
veníte!	cápĭte!

Indikativ Imperfekt – **Futur I**

veniēbam	capiēbam	cēdēbam	véniam	cápiam	cēdam
veniēbās	capiēbās	cēdēbās	véniēs	cápiēs	cēdēs
usw.	*usw.*	*usw.*	*usw.*	*usw.*	*usw.*

→ Tab. V₁ (S. 151)

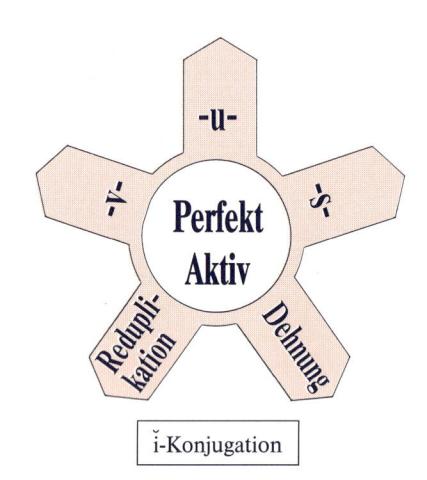

1.2 Perfekt Aktiv und Partizip Perfekt Passiv

Perfekt Aktiv und **Partizip Perfekt Passiv** der ĭ-Konjugation folgen denselben Bildungsweisen, die wir für die **langvokalischen** Konjugationen und die **Konsonantische** Konjugation kennen gelernt haben (→ 9 G 2.1; 10 G 1.2; 13 G 1.1/2).

Perfekt Aktiv

Präsens-Stamm	Perfekt-Aktiv-Stamm	Endung
cupĭ-	cupīv —	it
dīripĭ-	dīripu —	it
fugĭ-	fūg —	it
facĭ-	fēc —	it
parĭ-	péper —	it

Partizip Perfekt Passiv

Präsens-Stamm	Bildungselement	Ausgang
cupī —	t —	us, -a, -um
dīrep —	t —	us, -a, -um
--		
fac —	t —	us, -a, -um
par —	t —	us, -a, -um

→ Tab. V_2 (S. 154)

ĭ-Konjugation — Perfekt Aktiv: -v-, -s-, Dehnung, Reduplikation, -u-

17 G2 Zur Kasuslehre: Dativ des Besitzers

① Quis hortum habet?　　　　　Wer hat/besitzt einen Garten?
　 Tarquinius hortum pulchrum　Tarquinius hat/besitzt
　 habet.　　　　　　　　　　　einen schönen Garten.
② **Cui** hortus pulcher **est**?　　Wer hat/besitzt einen schönen
　　　　　　　　　　　　　　　　Garten?
　 Tarquiniō hortus pulcher **est**.　**Tarquinius hat/besitzt** einen
　　　　　　　　　　　　　　　　schönen Garten.

2.1 Der **Dativ** gibt in Verbindung mit der Copula ESSE die **Person** an, die etwas „**hat/ besitzt**": **Dativ des Besitzers** (**Dativus possessoris**).

2.2 Der **Dativ des Besitzers** erfüllt die **syntaktische Funktion** (Aufgabe) des **Prädikatsnomens** (→ 2 G 3.2).

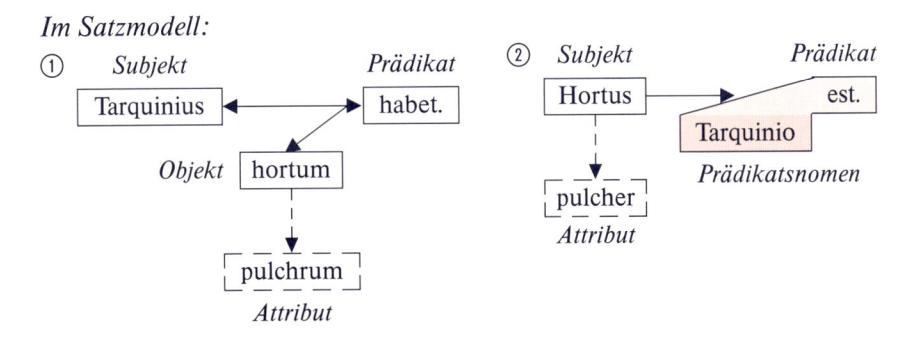

Im Satzmodell:

① Subjekt → Prädikat
　 Tarquinius ⇄ habet.
　 Objekt hortum
　　　　　　　↓
　　　　　　pulchrum
　　　　　　Attribut

② Subjekt　　　　　Prädikat
　 Hortus →　　　　est.
　　　　　　　　Tarquinio
　　　↓
　 pulcher　　*Prädikatsnomen*
　 Attribut

2.3 Umformung

L → D	Lateinisch	Deutsch
	Tarquinio hortus est.	Tarquinius hat einen Garten.
	Prädikats- SUBJEKT Form nomen　　　　　　von ESSE	SUBJEKT Formen OBJEKT 　　　　von haben/ 　　　　besitzen

87

18 Nomen: ĭ-Deklination: drei-/zwei-/einendige Adjektive
Zahlwörter: Grundzahlen 1 – 12
Zur Kasuslehre: Ablativ der Zeit und Ablativ des Unterschieds

G1 Nomen: ĭ-Deklination: drei-/zwei-/einendige Adjektive

1.1 Zur ĭ-Deklination (→ 14 G 1) gehören auch Adjektive.
Den Stammauslaut **-i-** haben diese Adjektive in folgenden Kasus bewahrt:
Ablativ Singular: **-ī**,
Nominativ und Akkusativ Plural des Neutrums: **-ia**,
Genitiv Plural: **-ium**

-i
-ia
-ium

1.2 Die Adjektive der ĭ-Deklination lassen sich nach den **Formen des Nominativ Singular** in **drei Gruppen** einteilen:
▶ „dreiendige" Adjektive: Für jedes der drei Genera gibt es im Nominativ Singular eine eigene Form.
▶ „zweiendige" Adjektive: Für Maskulinum und Femininum gibt es eine gemeinsame, für das Neutrum eine eigene Form.
▶ „einendige" Adjektive: Für alle drei Genera gibt es eine gemeinsame Form.

Deklinationsschema

	equus celer *ein schnelles Pferd* nāvis celeris *ein schnelles Schiff* animal celere *ein schnelles Tier*			amīcus ūtilis *ein nützlicher Freund* amīca ūtilis *eine nützliche Freundin* animal ūtile *ein nützliches Tier*		numerus ingēns *eine ungeheure Menge* terra ingēns *ein riesiges Land* animal ingēns *ein gewaltiges Tier*	
	m	f	n	m/f	n	m/f	n
Sg. N.	celer	celeris	celere	ūtilis	ūtile	ingēns	
G.		celeris		ūtilis		ingentis	
D.		celerī		ūtilī		ingentī	
Akk.	celerem		celere	ūtilem	ūtile	ingentem	ingēns
Abl.		celerī		ūtilī		ingentī	
Pl. N.	celerēs		celeria	ūtilēs	ūtilia	ingentēs	ingentia
G.		celerium		ūtilium		ingentium	
D.		celeribus		ūtilibus		ingentibus	
Akk.	celerēs		celeria	ūtilēs	ūtilia	ingentēs	ingentia
Abl.		celeribus		ūtilibus		ingentibus	
	„drei-endig"			„zwei-endig"		„ein-endig"	

→ Tab. I₂ (S. 147)

Beachte:

▶ **Akkusativ Singular, Nominativ Plural** und **Akkusativ Plural**:
In allen drei Gruppen haben Maskulinum und Femininum eine gemeinsame Form, das Neutrum hat eine eigene.
▶ In allen übrigen Kasus des Singular und Plural gibt es für alle drei Genera nur eine Form.
▶ „Dreiendige" Adjektive: cel*e*r, cel*e*ris, cel*e*re: Das -*e*- gehört zum Stamm celer- (→ 8 G 2.2: mis*e*r, mis*e*r-a, mis*e*r-um).
āc*e*r, ācris, ācre: Das -*e*- im Nominativ Singular des Maskulinum ist eingeschoben. Der Stamm lautet ācr- (→ 8 G 2.2: pulch*e*r, pulchr-a, pulchr-um).

18 G2 Zahlwörter: Grundzahlen 1 – 12

Grundzahlen (*Cardinalia*)
bezeichnen Mengen von Lebewesen, Gegenständen oder Begriffen, z. B. drei Legionen, sechs Häuser, zehn Jahre.

2.1 Grundzahlen UNUS, DUO, TRES
Die Grundzahlen **ūnus, duo, trēs** sind **deklinierbar.**

	ūnus homō *ein Mensch* ūna fābula *eine Geschichte* ūnum templum *ein Tempel*			duo hominēs *zwei Menschen* duae fābulae *zwei Geschichten* duo templa *zwei Tempel*			trēs hominēs *drei Menschen* trēs fābulae *drei Geschichten* tria templa *drei Tempel*		
	m	f	n	m	f	n	m	f	n
N./V.	ūnus	ūna	ūnum	duo	duae	duo	trēs	trēs	tria
G.		ūnīus		duōrum	duārum	duōrum		trium	
D.		ūnī		duōbus	duābus	duōbus		tribus	
Akk.	ūnum	ūnam	ūnum	duōs	duās	duo	trēs	trēs	tria
Abl.	ūnō	ūnā	ūnō	duōbus	duābus	duōbus		tribus	

2.2 Grundzahlen QUATTUOR bis DUODECIM
Die Grundzahlen **quattuor** bis **duodecim** sind **nicht deklinierbar.**

4 quattuor	6 sex	8 octō	10 decem	12 duo-decim
5 quīnque	7 septem	9 novem	11 ūn-decim	

G3 Zur Kasuslehre: Ablativ der Zeit und Ablativ des Unterschieds

3.1 Ablativ der Zeit

> ① Iam **antīquīs temporibus**   Schon **in alten Zeiten** sind viele
>   multae urbēs vī expūgnātae sunt.   Städte gewaltsam erobert worden.
> ② Etiam urbs Rōma   Auch die Stadt Rom
>   saepe **in summō perīculō** fuit.   war häufig **in höchster Gefahr**.

Der **Ablativ** gibt in der Grundfunktion des **Punctualis** (→ 5 G 1.3) neben dem **Ort** auch einen **bestimmten Zeitpunkt** oder **Zeitraum** an: **Ablativus temporis** ①.

> Der **Ablativ der Zeit** gibt Antwort auf die Frage
> WANN?

Besondere Zeitumstände (z. B. Krieg, Frieden) bezeichnet der Ablativ der Zeit in Verbindung mit der **Präposition** IN. ②

> ① bellō Trōiānō   im Trojanischen Krieg
>   illō annō   in jenem Jahr
>   paucīs hōrīs   in wenigen Stunden
> ② *aber:*
>   in pāce   im Frieden
>   in summīs perīculīs   in Zeiten höchster Gefahr

18 3.2 Ablativ des Unterschieds

① Ulixēs cūnctōs ferē hominēs prūdentiā **multō** superāvit.	Odysseus übertraf fast alle Menschen **bei weitem** an Klugheit.
② Tamen ex īnsidiīs Neptūnī **decem annīs** *post* Trōiam dēlētam ēvādere potuit.	Aber Neptuns Nachstellungen konnte er erst **zehn Jahre** nach der Zerstörung Trojas entrinnen.

Der **Ablativ** bezeichnet in der Grundfunktion des **Instrumentalis** u. a. das **Maß**, um das sich beim Vergleichen eine Person oder Sache von einer anderen Person bzw. Sache unterscheidet:

Ablativus mensurae[1] / discriminis[2]

> Der **Ablativ des Unterschieds** gibt Antwort auf die Frage
> UM WIE VIEL?

① *Bei Verben, z. B.*	
paulō / multō *praestāre* cēterīs	die Übrigen (ein) wenig / (bei) weit(em) übertreffen
② *Bei Adverbien, z. B.*	
multō *magis*	viel / **um** vieles mehr
multō *ante*	viel früher
paulō *post*	wenig später, kurz danach
tri**bus** ann**īs** *post*	(**um**) drei Jahre später

1) *mēnsūra, -ae:* das Maß 2) *discrīmen, discrīminis:* der Unterschied

19 Nomen: u-Deklination
Zur Kasuslehre: Genitiv der Teilung

G1 Nomen: u-Deklination

1.1 Formenbildung

Die **u-Deklination** hat ihre Bezeichnung von dem Vokal **-u**, auf den der Wortstamm auslautet; **-u-** ist demnach ihr **Kennvokal**. Dieser Kennvokal ist in den meisten Kasusausgängen erhalten.

	Wortstamm		Endung
N. Sg.	magistrāt	u	s
G. Pl.	magistrāt	u	um
		Kennvokal	
	Wortstock	Ausgang	

Die Endungen der u-Deklination entsprechen denen der ĭ-Deklination (→ 14 G 1).

Die **Ausgänge der u-Deklination** lauten:

	Sg.	Pl.
N./V.	-us	-ūs
G.	-ūs	-uum
D.	-uī	-ibus
Akk.	-um	-ūs
Abl.	-ū	-ibus

-u- DEKLINATION

1.2 Deklinationsschema

	der/ein Turm	*das/ein Amt*	*die Türme*	*die Ämter*
N./V.	turris	magistrātus	turrēs	magistrātūs
G.	turris	magistrātūs	turrium	magistrātuum
D.	turrī	magistrātuī	turribus	magistrāt*i*bus
Akk.	turrim	magistrātum	turrēs(-īs)	magistrātūs
Abl.	dē turrī	magistrātū	dē turribus	magistrāt*i*bus

→ Tab. I₁ (S. 147)

Nominativ Plural: *magistrātūs* < *magistratu-ēs*; vgl. *turrēs* < *turri-ēs*
Der Kennvokal *-u-* ist im Dativ und Ablativ Plural zu *-i-* abgeschwächt (→ L 17: Vokalschwächung).

1.3 Genus

Dem grammatischen Geschlecht nach sind fast alle **Substantive** der **u-Deklination Maskulina**.

19 G2 Zur Kasuslehre: Genitiv der Teilung

> ① **Multī** hominēs
> in Colossēum convēnērunt.
> ② Māgnus **numerus** hominum
> in Colossēum convēnit.
>
> Viele Menschen
> kamen im Kolosseum zusammen.
> Eine große Menge (von) Menschen
> kam im Kolosseum zusammen.

2.1 Eine **unbestimmte Anzahl** von Personen oder Gegenständen wird gewöhnlich durch **Adjektive** ausgedrückt, die nach den Regeln der Kongruenz (KöNiGs-Regel) auf ein Substantiv bezogen sind, z. B. *multī hominēs, nōnnūllae urbēs, cum paucīs amīcīs* ①.

Wenn durch **Mengenbegriffe** eine **Teilmenge** von einem Ganzen bezeichnet wird, stehen die Person- oder Sachgruppen, von denen ein **Teil** *(pars)* gemeint ist, im **Genitiv**: **Genitiv der Teilung (Genitivus partitivus)** ②.
Vergleiche im Englischen: a lot of houses, a cup of tea

Der **Genitiv der Teilung** steht

> bei **Substantiven**, die eine Maß-, Mengen- oder Zahlangabe ausdrücken:
>
> māgnus numerus hominum — eine große Menge (von) Menschen
> parva pars servōrum — ein kleiner Teil der Sklaven
> cōpia pecūniae — eine Menge Geld
> tria mīlia mīlitum — dreitausend Soldaten
>
> bei substantivisch gebrauchten **Adjektiven im Neutrum**:
>
> multum prūdentiae — viel Klugheit, ein hohes Maß an Klugheit
> tantum timōris — so viel Furcht
> quantum operis? — wie viel (an) Arbeit?
>
> bei **Adverbien**:
>
> satis vīrium — genügend Kräfte
> ubī terrārum? — wo auf der Welt?
> nusquam terrārum — nirgends auf der Welt
>
> bei substantivisch gebrauchten **Pronomina**:
>
> nēmō mortālium — kein Sterblicher/Mensch
> nihil auxiliī — keinerlei Hilfe
> quis nostrum/vestrum[1]? — wer von uns/euch?
>
> bei **Adjektiven** der **Reihen-/Rangfolge**:
> prīmus imperātōrum — der erste Kaiser
> (der Erste von den Kaisern)
> optimus senātōrum — der beste Senator
> (der Beste unter den Senatoren)

[1] *nostrum, vestrum*: besondere Form des Genitivs zu *nōs, vōs* (→ 11 G 3.2)

2.2 Syntaktische Funktion

Sowohl die Mengen bezeichnenden Adjektive ① als auch der **Genitiv der Teilung** ② erfüllen die **syntaktische Funktion** (Aufgabe) des **Attributs.**

Im Satzmodell:

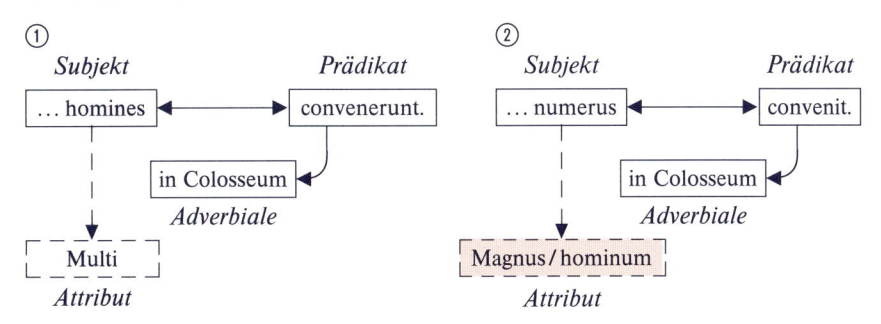

①
- Subjekt: … homines
- Prädikat: convenerunt.
- Adverbiale: in Colosseum
- Attribut: Multi

②
- Subjekt: … numerus
- Prädikat: convenit.
- Adverbiale: in Colosseum
- Attribut: Magnus / hominum

20 Interrogativ-Pronomen: QUI, QUAE, QUOD
Demonstrativ-Pronomen: HIC, HAEC, HOC

G1 Interrogativ-Pronomen: QUI, QUAE, QUOD

① **Quis** ex auctōribus tibī placet?	**Wer** von den Schriftstellern gefällt dir?
Quem ex auctōribus lēgistī?	**Wen** von den Schriftstellern hast du gelesen?
② **Quī** auctor tibī placet?	**Welcher** Schriftsteller gefällt dir?
Quae imāgō pulchra est?	**Welches** Bild ist schön?
Quod carmen tibī placet?	**Welches** Lied macht dir Freude?
Quōs auctōrēs lēgistī?	**Welche** Schriftsteller hast du gelesen?
Quās imāginēs spectāvistī?	**Welche** Bilder hast du betrachtet?
Quae carmina audīvistī?	**Welche** Lieder hast du gehört?

1.1 Interrogativ-Pronomina können wie ein Substantiv für sich allein stehen: **substantivischer Gebrauch** ① (→ 11 G 2).
Interrogativ-Pronomina können auch wie ein adjektivisches Attribut zu einem Substantiv hinzutreten. Sie stimmen dann mit diesem Substantiv in **Kasus**, **Numerus** und **Genus** (KöNiGs-Regel der Kongruenz) überein: **adjektivischer Gebrauch** ②

1.2 Deklination

	quī? quae? quod?			welcher? welche? welches?		
	Singular			Plural		
	m	f	n	m	f	n
N.	quī	quae	quo*d*	quī	quae	qua*e*
G.		cuius		quōrum	quārum	quōrum
D.		cui			quibus	
Akk.	quem	quam	quo*d*	quōs	quās	qua*e*
Abl.	quō	quā	quō		quibus	

→ Tab. II₅ (S. 149)

Das adjektivische Interrogativ-Pronomen wird also wie das Relativ-Pronomen (→ 12 G 1.2) dekliniert.

G2 Demonstrativ-Pronomen: HIC, HAEC, HOC

① Hominēs **haec** ferē vocant:	Die Menschen rufen etwa **Folgendes**:
② **Hanc** victōriam diū exspectāvimus!	Auf **diesen** (*unseren*) Sieg haben wir lange gewartet!
③ Ecce, **hic** vir est Scīpiō, *ille* lēgātus eius!	Schau, **dieser** Mann *hier* ist Scipio, *jener dort* sein Legat!

20 **2.1** HIC, HAEC, HOC kann sowohl substantivisch (*haec* ①) als auch adjektivisch (*hanc victōriam* ②, *hic vir* ③) gebraucht sein.

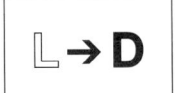

L → D

HIC, HAEC, HOC weist auf das hin, was dem Sprechenden unmittelbar vor Augen steht:
▶ das, was in seiner Rede unmittelbar folgt ①,
▶ das, was er eng auf sich bezieht ②,
▶ das näher Liegende, das einem Entfernteren gegenübergestellt ist ③.

ILLE	HIC
jener dort	dieser hier
Ersterer	Letzterer

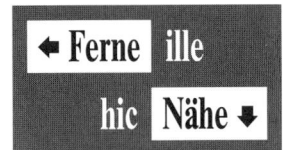

← Ferne ille
hic Nähe ↓

2.2 Deklination

	hic, haec, hoc		*dieser, diese, dieses*			
	Singular			Plural		
	m	f	n	m	f	n
N.	hi*c*	hae*c*	ho*c*	hī	hae	hae*c*
G.		hu**ius**		hōrum	hārum	hōrum
D.		hui*c*			hīs	
Akk.	hu*nc*	ha*nc*	ho*c*	hōs	hās	hae*c*
Abl.	hōc	hāc	hōc		hīs	

→ Tab. II₃ (S. 148)

Beachte: Genitiv und Dativ Singular (→ 12 G 3.2: *eius, eī*)

95

21

Verbum: Passiv (Indikativische Formen des Präsens-Stammes)
Adverb: Bildung und Verwendung im Satz
Textlehre: Gespräch

G1 Verbum: Passiv (Indikativische Formen des Präsens-Stammes)
(Zum Passiv → 13 G 1)

1.1 Indikativ Präsens Passiv

Die **Person-Zeichen des Passivs** im Präsens-Stamm lauten:

	Singular	Plural
1. Pers.	-or/-r	-mur
2. Pers.	-ris	-minī
3. Pers.	-tur	-ntur

	ā-Konjugation	ē-Konjugation	ī-Konjugation	ĭ-Konjugation	Kons. Konjugation
	ich werde gerufen/genannt	*ich werde ermahnt*	*ich werde gehört*	*ich werde gefangen*	*ich werde geführt*
Singular	vócor vocāris vocātur	móneor monēris monētur	aúdior audīris audītur	cápior cáperis cápitur	dūcor dūceris dūcitur
Plural	vocāmur vocāminī vocāntur	monēmur monēminī monēntur	audīmur audīminī audiúntur	cápimur capíminī capiúntur	dūcimur dūcíminī dūcúntur

vocor < **voca-or* (→ L 19: Kontraktion) → Tab. V₁ (S. 152)

▶ Die Person-Zeichen des Präsens Passiv treten bei der *ā-, ē-, ī-* und *ĭ*-Konjugation unmittelbar an den Präsens-Stamm *vocā-, vidē-, audī-, capĭ-*, bei der Konsonantischen Konjugation (außer der 1. Pers. Sg.) an den mit den Bindevokalen *-e-/-i-/-u-* erweiterten Präsens-Stamm *dūce-/dūci-/dūcu-*.

Beachte:
Bindevokal *-u-* in *audiuntur, capiuntur*
Vokalschwächung von *i > e* in *caperis* (→ L 17)

▶ Außer der 2. Person Plural weisen alle Person-Zeichen ein *-r-* auf, das uns als Merkmal des Passivs dienen kann.

1.2 Infinitiv Präsens Passiv

Der Infinitiv Präsens Passiv endet in der ā-, ē-, ī-Konjugation auf **-rī**, in der **ĭ-Konjugation** und in der **Konsonantischen Konjugation** auf **-ī**.
Die Endung des Infinitiv Präsens Passiv tritt jeweils an den Präsens-Stamm.

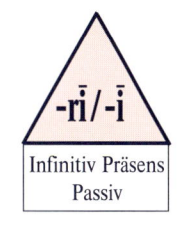

-rī / -ī
Infinitiv Präsens Passiv

vocā-rī	gerufen (zu) werden
monē-rī	ermahnt (zu) werden
audī-rī	gehört (zu) werden
cap-ī (<*capĭ-ī)	gefangen (zu) werden
dūc-ī	geführt (zu) werden

Quis gaudet	Wer freut sich darüber,
servōs ā dominīs	dass die Sklaven von den Herren
vituperārī,	getadelt,
coercērī,	gezüchtigt,
pūnīrī,	bestraft,
dīripī,	ausgebeutet,
caedī?	geschlagen werden?

Der Infinitiv Präsens Passiv begegnet am häufigsten im **AcI**.

1.3 Indikativ Imperfekt Passiv

Im **Indikativ Imperfekt Passiv** tritt – ebenso wie im Indikativ Imperfekt Aktiv (→ 9 G 1.1) – das **Tempus-Zeichen -ba-/-ēba-** zwischen Präsens-Stamm und Person-Zeichen (→ G 1.1: Person-Zeichen des Passivs).

-ba-
-ēba-
Imperfekt Passiv

	ich wurde gerufen
Sg. 1. Pers.	vocábar
2. Pers.	vocābáris
3. Pers.	vocābátur
Pl. 1. Pers.	vocābámur
2. Pers.	vocābáminī
3. Pers.	vocābántur

vocā-*ba*-r, aber: vocā-*bā*-ris
(→ L 18.1 Vokalkürzung)

Entsprechend:

ē-K.: monḗbar   ich wurde ermahnt
      monēbā́ris *usw.*
ī-K.: audiḗbar   ich wurde gehört
      audiēbā́ris *usw.*
ĭ-K.: capiḗbar   ich wurde gefangen
      capiēbā́ris *usw.*
K. K.: dūcḗbar   ich wurde geführt
      dūcēbā́ris *usw.*

→ Tab. V₁ (S. 152)

1.4 Futur I Passiv

▶ Das **Tempus-Zeichen** des **Futur I Passiv** ist in der **ā- und ē-Konjugation** wie im Futur I Aktiv **-b-** (→ 16 G 1.1).

Der Bindevokal (→ L 20.1) zwischen dem Tempus-Zeichen -b- und den konsonantisch anlautenden Person-Zeichen wechselt zwischen -i-, -e- und -u- (→ L 17: Vokalschwächung).

		ich werde gerufen werden
Sg.	1. Pers.	vocábor
	2. Pers.	vocáberis
	3. Pers.	vocábitur
Pl.	1. Pers.	vocābimur
	2. Pers.	vocābíminī
	3. Pers.	vocābúntur

Entsprechend:

monḗbor
monḗberis *usw.*

ich werde ermahnt werden

→ Tab. V₁ (S. 152)

Futur Passiv: -b- / -e, -i, -u

▶ Das **Tempus-Zeichen** des **Futur I Passiv** ist in der **ī-, ĭ- und** in der **Konsonantischen Konjugation** wie im Futur I Aktiv **-a-/-e-** (→ 16 G 1, 17 G 1.1).

		ich werde geführt werden
Sg.	1. Pers.	dū́car
	2. Pers.	dūcḗris
	3. Pers.	dūcḗtur
Pl.	1. Pers.	dūcḗmur
	2. Pers.	dūcḗminī
	3. Pers.	dūcéntur

Entsprechend:

aúdiar
audiḗris *usw.*

ich werde gehört werden

cápiar
capiḗris *usw.*

ich werde gefangen werden

→ Tab. V₁ (S. 152)

Futur Passiv: -a- / -e-

21 G2 Adverb: Bildung und Verwendung im Satz (Funktion)

> Das **Adverb** ist im Lateinischen wie im Deutschen **unveränderlich**.
> Adverbien sind vielfach **erstarrte Kasusformen** von Adjektiven (z. B. *sērō*: zu spät) oder von Substantiven (z. B. *modo*: eben, nur; *hodiē*: heute); sie können auch **feste präpositionale Verbindungen** (z. B. *posteā*: später) oder auf andere Weise (z. B. *ibī*: dort; *iterum*: wiederum; *nunc*: jetzt) gebildet sein.
> Im Lateinischen können **Adverbien** aber auch nach bestimmten Regeln von **Adjektiven** gebildet werden.

2.1 Bildung

	Nominativ	Wortstock	Adverb	
①	doctus	doct-	doct-**ē**	gebildet
	miser	miser-	miser-**ē**	jämmerlich
	pulch*er*	pulchr-	pulchr-**ē**	schön
②	celer	celer-	celer-**iter**	schnell
	āc*er*	ācr-	ācr-**iter**	heftig
	atrōx	atrōc-	atrōc-**iter**	schrecklich
③	prūdēns	prūdent-	prūdent-**er**	klug

→ Tab. IV (S. 150)

Beachte: Das Adverb zu *bonus* lautet **bene**.

Adjektive der	Bildungselement (an den Wortstock angefügt)
① ā-/o-Dekl.	-ē
② ĭ-Dekl.	-iter
③ ĭ-Dekl. einendig (Wortstock auf -nt-)	-er

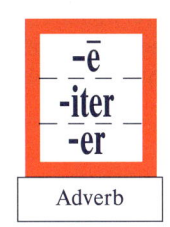

```
┌─────┐
│ -ē  │
│-iter│
│ -er │
└─────┘
 Adverb
```

2.2 Verwendung im Satz

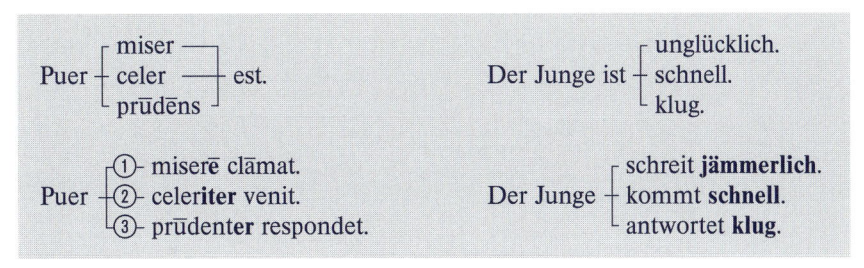

```
       ┌ miser  ┐                          ┌ unglücklich.
Puer + │ celer  │ est.     Der Junge ist + │ schnell.
       └ prūdēns┘                          └ klug.

         ┌①- miserē clāmat.                 ┌ schreit jämmerlich.
Puer + ──│②- celeriter venit.   Der Junge + │ kommt schnell.
         └③- prūdenter respondet.           └ antwortet klug.
```

▶ Die Adjektive *miser/celer/prūdēns* sind – als **Prädikatsnomen** – die sinnnotwendige Ergänzung des Hilfszeitwortes EST (*Copula*), mit dem zusammen sie jeweils das Prädikat bilden (→ 2 G 3.2).

21 ▶ Die Adverbien *miser-ē / celer-iter / prūdent-er* erfüllen – als nähere Angaben zum Prädikat – im Satz die **syntaktische Funktion** (Aufgabe) des **Adverbiales** (→ 1 G 3), und zwar der Art und Weise.

Im Satzmodell:

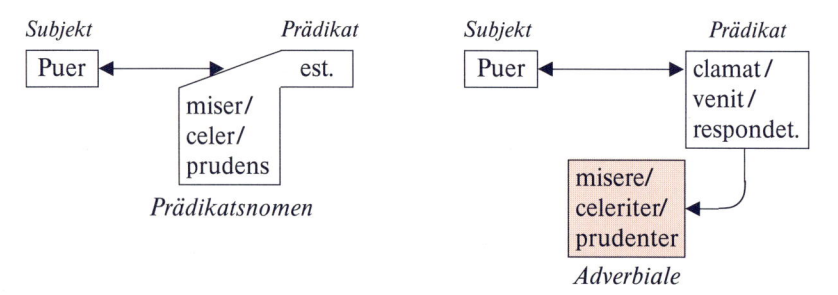

```
Subjekt          Prädikat              Subjekt          Prädikat
[Puer] ◄─────── est.                   [Puer] ◄──────► clamat /
                 miser/                                  venit /
                 celer/                                  respondet.
                 prudens
              Prädikatsnomen                            misere/
                                                        celeriter/
                                                        prudenter
                                                        Adverbiale
```

T   Gespräch

Ein **Gespräch** (*Wechselrede, Dialog* → T 3.2) besteht aus Beiträgen von mehreren, mindestens aber von zwei Personen.
Diese Beiträge sind entweder in **Frage** und **Antwort** oder in **Rede** und **Gegenrede** aufeinander bezogen und bestimmen so den Fortgang des Gesprächs von einem Anfang über seinen Höhepunkt bis zum Abschluss. Es herrschen dementsprechend die erste Person des Sprechenden oder Antwortenden und die zweite Person des Angesprochenen oder Befragten vor.
Innerhalb eines Gesprächs können auch Beiträge in Erzählform (→ 15 T) und in Form der Beschreibung (→ 24 T) auftreten.

Tempus-Verwendung:
Leittempus des Gesprächs ist in der Regel das **Präsens**, das ein Thema als für den Sprechenden gegenwärtig (*aktuell*) kennzeichnet.

Gliederung und Kohärenz:
Die Gliederung des Gesprächs wird im Wesentlichen durch die Gedankenführung bestimmt. Sie wird erkennbar, wenn man auf die Bezüge zwischen den meist paarweise zusammengehörenden Beiträgen der Gesprächspartner achtet.
Signale hierfür sind sich wiederholende **Leitwörter** (→ T 2.1) und **Sach- oder Bedeutungsfelder** (→ T 2.3).
Das Fortschreiten der Wechselrede bis zu ihrem Ergebnis wird vor allem aus logischen **Konnektoren** (→ T 2.2) und der Verwendung von Gesprächspartikeln erkennbar.

22 Verbum: Konjunktiv Präsens und Perfekt – Bildung
Verwendung im Haupt- und Gliedsatz

G1 Verbum: Konjunktiv Präsens und Perfekt – Bildung

Der **Modus** des Verbums zeigt die „Art und Weise" an, wie ein Geschehen oder Sein aufgefasst ist.
- Der **Indikativ** drückt aus, dass das Geschehen oder Sein in Vergangenheit, Gegenwart und Zukunft als **wirklich, tatsächlich** aufgefasst wird.
- Der **Konjunktiv** drückt aus, dass ein Geschehen oder Sein als **möglich, erwünscht, vorstellbar** oder als **nicht-wirklich** aufgefasst wird.
- Der **Konjunktiv** tritt im Deutschen vor allem **im Gliedsatz** auf:
  1. zur Kennzeichnung der **mittelbaren Wiedergabe** (indirekte Rede), z. B.
     *Er dachte, er **sei** zu spät gekommen / sie **hätten** nicht auf ihn gewartet.*
  2. zur Kennzeichnung eines **Begehrens,** z. B.
     *Sie forderten, dass der Minister nun endlich **handle** / der Minister **solle** nun endlich handeln.*
- Im **Hauptsatz** dient der Konjunktiv meist dazu, eine Aussage als **unwirklich (irreal)** zu erweisen, z.B.
  *Ohne deine Hilfe **wäre** ich verloren. / Wenn du mir nicht **beistündest** / zu Hilfe **kämest**, **wäre** ich verloren.*

Der Konjunktiv wird im **Lateinischen** meist **anders** verwendet als im Deutschen.

1.1 Konjunktiv Präsens

Das **Modus-Zeichen** des **Konjunktiv Präsens** ist der Vokal
- **-e-** für die ā-Konjugation,
- **-a-** für die ē-, ī-, ĭ-Konjugation und die Konsonantische Konjugation,
- **-i-** für ESSE.

| voce-m | monĕ-**a**-m | audĭ-**a**-m | capĭ-**a**-m | dūc-**a**-m | s-**i**-m |

Konjunktiv Präsens
-e-
-a-
-i-
Modus-Zeichen

In der ā-Konjugation werden die zusammenstoßenden Vokale *-a-* und *-e-* zu *-ē-* zusammengezogen (→ L19: *Kontraktion*). Bei *sim* tritt als Modus-Zeichen der Vokal *-i-* an den Stamm *s-* (→ 3 G 2.2).

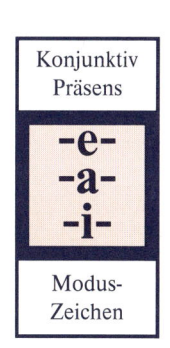

22 Konjugationsschema

ā-Konjugation	ē-Konjugation
Aktiv	
vócem	móneam
vócēs	móneās
vócet	móneat
vocḗmus	moneā́mus
vocḗtis	moneā́tis
vócent	móneant
Passiv	
vócer	mónear
vocḗris	moneā́ris
vocḗtur	moneā́tur
vocḗmur	moneā́mur
vocḗminī	moneā́minī
vocéntur	moneántur

Entsprechend:

ī-K.: audiam
 audiā́s *usw.*
ĭ-K.: capiam
 capiā́s *usw.*
K.K.: dūcam
 dūcā́s *usw.*
ī-K.: audiar
 audiā́ris *usw.*
ĭ-K.: capiar
 capiā́ris *usw.*
K.K.: dūcar
 dūcā́ris *usw.*

ESSE
sim
sīs
sit
sīmus
sītis
sint

posse bildet den Konjunktiv Präsens wie ESSE, *also:* **possim, possīs** *usw.*

→ Tab. V₁ (S. 151)

1.2 Konjunktiv Perfekt

▶ **Aktiv**

Das Modus-Zeichen des **Konjunktiv Perfekt Aktiv** lautet -eri-; es tritt zwischen Perfekt-Aktiv-Stamm und Person-Zeichen.

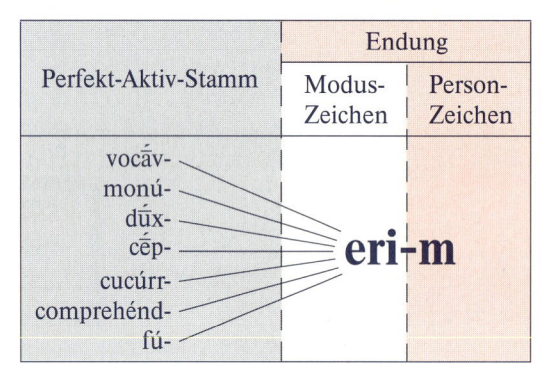

Perfekt-Aktiv-Stamm	Endung	
	Modus-Zeichen	Person-Zeichen
vocāv- monu- dūx- cēp- cucurr- comprehend- fu-	eri-m	

Konjunktiv Perfekt Aktiv

-eri-

Modus-Zeichen

Das Modus-Zeichen -eri- besteht hier aus der Erweiterungssilbe -er-
(< -is, das vor Vokal zu -er- wird: Rhotazismus → L 22)
und dem für den Konjunktiv kennzeichnenden Modus-Vokal -i-.

Konjugationsschema

v-Perfekt
vocắverim
vocắveris
vocắverit
vocāvérimus
vocāvéritis
vocắverint

Entsprechend vom Perfekt-Aktiv-Stamm
auf **-u**: monúerim, monúeris *usw.*
auf **-s**: dúxerim, dúxeris *usw.*
mit **Dehnung**: cḗperim, cḗperis *usw.*
mit **Reduplikation**: cucúrrerim, cucúrreris *usw.*
ohne **Veränderung**: comprehénderim, comprehénderis *usw.*
fu- (von ESSE): fúerim, fúeris *usw.*

→ Tab. V$_2$ (S. 153)

▶ **Passiv**
Der **Konjunktiv Perfekt Passiv** besteht aus zwei Wörtern:
– dem Partizip Perfekt Passiv (→ 13 G 1.1),
– dem Konjunktiv Präsens von ESSE: *sim, sīs* (→ 1.1)

vocāre: vocā**tus** sit	monēre: moni**tus** sit	capere: cap**tus** sit
explēre: explē**tus** sit	dūcere: duc**tus** sit	comprehendere: comprehēn**sus** sit

G2 Konjunktiv Präsens und Perfekt: Verwendung

2.1 Verwendung im Hauptsatz

① **Wunsch** in der Gegenwart (*Optativ*)
   Adiuvēs ⎱
   Adiuvētis ⎰ nōs!
   Hilf ⎱
   Helft ⎰ uns bitte!

② **Aufforderung** an die 3. Person (*Jussiv*)
   Citō veniat!   Er soll schnell kommen!
   Nē sērō veniant!   Sie sollen nicht zu spät kommen!

③ **Aufforderung** an die 1. Person Plural (*Hortativ*)
   Properēmus!   Wir wollen uns beeilen!
        Beeilen wir uns!
   Nē taceāmus!   Lasst uns nicht schweigen!

④ **Verbot** an die 2. Person (*Prohibitiv*)
   Nē clāmāveris!   Schrei nicht!
   Nē cucurreritis!   Lauft nicht!

Beachte:
NE beim Konjunktiv Präsens und Perfekt im Hauptsatz zeigt an, dass der Wunsch oder die Aufforderung **verneint** ist.

nē!

2.2 Verwendung im Gliedsatz

① **Abhängiger Begehrsatz**

Tiberius Gracchus id studet, — Tiberius Gracchus bemüht sich darum,
- **ut** miserōs adiu**vet**. — - die Armen **zu** unterstützen
  (**dass** er ... unterstützt).
- **nē** plēbs ā patribus — - **dass** das einfache Volk **nicht** von den
  opprimā**tur**. — Patriziern unterdrückt wird/werde.

Cōnsulēs, — Die Konsuln befürchten,
  nē cīvitās perturbē**tur**, — **dass** der Staat in Aufruhr
  timent. — gerät / gerate.

② **Finalsatz**

Tiberius Gracchus lēgibus — Tiberius Gracchus bemüht sich
novīs studet, — um neue Gesetze,
- **ut** plēbs malīs liberē**tur**. — - **damit** das einfache Volk von Übel
  und Leid befreit werde.
- **ut** plēbem malīs libe**ret**. — - **um** das einfache Volk von Übel und
  Leid **zu** befreien.

③ **Konsekutivsatz**

Perīculum tantum est, — Die Gefahr ist so groß,
- **ut** multī bellum time**ant**. — - **dass** viele einen Krieg befürchten.
- **ut** multī laetī **nōn** sint. — - **dass** viele **nicht** froh sind.

④ **Kausalsatz**

Rōmānī Tiberiō Gracchō, — Die Römer sind dem Tiberius Gracchus,
- **cum** malum time**ant** — **da** sie Unheil befürchten
- **cum** perturbātī **sint**, — **da** sie beunruhigt sind,
nōn favent. — nicht gewogen.

⑤ **Abhängiger Fragesatz**

Quid tum Rōmānīs acciderit, — **Was** damals den Römern zugestoßen ist,
  omnibus nōtum est. — ist allen bekannt.
Cūr id dubitētis, nesciō. — **Warum** ihr das bezweifelt,
  weiß ich nicht.

▶ Das Prädikat eines **Gliedsatzes** steht im **Konjunktiv**:
  1. nach bestimmten **Konjunktionen** (z. B. *ut* ① ② ③, *nē* ①, *cum* ④),
  2. in **indirekten Fragesätzen** (z. B. eingeleitet mit *quid*, *cūr* ⑤).

Beachte:
Nē nach den Verben des Fürchtens heißt „dass" (① 2. Satz):
*Timeō, **nē** rīdeās.* Ich befürchte, **dass** du lachst.
Diese Konstruktion erklärt sich aus einem ursprünglich beiordnenden Satzbau:
Nē rīdeās! Timeō. Dass du (nur) nicht lachst! Ich befürchte es (aber)!

L → D **Im Deutschen** wird der **Konjunktiv** der lateinischen Gliedsätze in der Regel mit dem **Indikativ** (oder mit einem erweiterten Infinitiv mit ... *zu* bzw. *um* ... *zu*) wiedergegeben.

22 2.3 Zur syntaktischen Funktion der Gliedsätze

Gliedsätze erfüllen im Satz die **syntaktische Funktion** (Aufgabe) des Subjekts, des Objekts oder des Adverbiales.

Gliedsatz als Subjekt

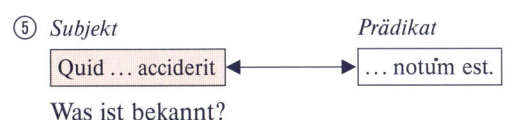

⑤ Subjekt — Prädikat
[Quid ... acciderit] ↔ [... notum est.]

Was ist bekannt?

Gliedsatz als Objekt

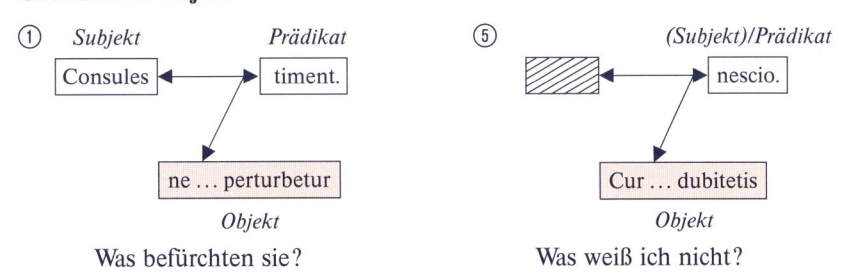

① Subjekt — Prädikat
[Consules] ↔ [timent.]
↓
[ne ... perturbetur]
Objekt

Was befürchten sie?

⑤ (Subjekt)/Prädikat
[▨] ↔ [nescio.]
↓
[Cur ... dubitetis]
Objekt

Was weiß ich nicht?

Gliedsatz als Adverbiale

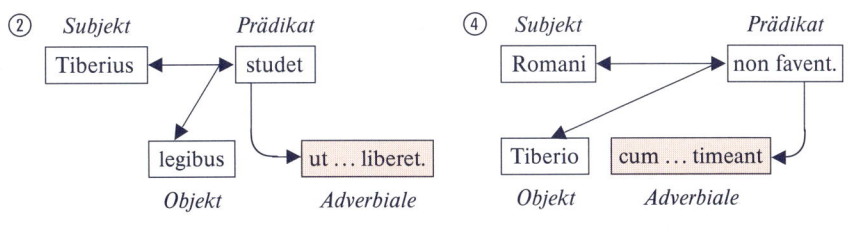

② Subjekt — Prädikat
[Tiberius] ↔ [studet]
↓
[legibus]   [ut ... liberet.]
Objekt   *Adverbiale*

In welcher Absicht bemüht er sich?

④ Subjekt — Prädikat
[Romani] ↔ [non favent.]
↓
[Tiberio]   [cum ... timeant]
Objekt   *Adverbiale*

Warum sind sie nicht gewogen?

23
**Verbum: Konjunktiv Imperfekt und Plusquamperfekt – Bildung
Verwendung im Gliedsatz und Irrealis
Zeitverhältnisse im konjunktivischen Gliedsatz
Textlehre: Brief**

G1 Verbum: Konjunktiv Imperfekt und Plusquamperfekt – Bildung

1.1 Konjunktiv Imperfekt

Als **Modus-Zeichen** für den **Konjunktiv Imperfekt** begegnet im Lateinischen die Silbe **-re-**.

Das Modus-Zeichen *-re-* ist aus der ursprünglichen für den Konjunktiv kennzeichnenden Silbe *-se-* entstanden; dieses tritt zwischen Präsens-Stamm und Endung, wird aber nach vokalisch auslautendem Stamm zu *-re-* (→ L22: Rhotazismus).

Bei kurzvokalisch auslautendem Präsens-Stamm schwächt sich *-ĭ-* zu *-ĕ-* ab (cáp-ĕ-rem < *cap-ĭ-rem). Bei den Verben der Konsonantischen Konjugation tritt zwischen Präsens-Stamm und Modus-Zeichen *-re-* der Bindevokal *-ĕ-* (dūc-ĕ-rem).

Konjunktiv Imperfekt
-re-
Modus-Zeichen

▶ **Konjugationschema**

	ā-Konjugation
Aktiv	vocắrem
	vocắrēs
	vocắret
	vocārḗmus
	vocārḗtis
	vocắrent
Passiv	vocắrer
	vocārḗris
	vocārḗtur
	vocārḗmur
	vocārḗmini
	vocāréntur

Entsprechend:

ē-K.:	monḗrem, monḗrēs *usw.*
ī-K.:	audīrem, audīrēs *usw.*
ĭ-K.:	cáperem, cáperēs *usw.*
Kons. K.	dūcerem, dūcerēs *usw.*
ESSE:	essem, essēs *usw.*
ē-K.:	monḗrer, monērḗris *usw.*
ī-K.:	audīrer, audīrḗris *usw.*
ĭ-K.:	cáperer, caperḗris *usw.*
Kons. K.:	dūcerer, dūcerḗris *usw.*

→ Tab V$_1$ (S. 151/152)

▶ Der Konjunktiv Imperfekt von ESSE und POSSE lautet:
essem, essēs *usw.*
possem, possēs *usw.*
*possem < *potsem* (→ L 23: Assimilation, vgl. *possum < *potsum*)
Das Modus-Zeichen *-se-* bleibt unverändert, weil es auf einen Konsonanten folgt.

1.2 Konjunktiv Plusquamperfekt
▶ **Aktiv**
Als Modus-Zeichen des **Konjunktiv Plusquamperfekt Aktiv** begegnet im Lateinischen die Silbe **-isse-**; diese tritt zwischen den Perfekt-Aktiv-Stamm und das Person-Zeichen.
Das Modus-Zeichen **-isse-** besteht aus der Erweiterungssilbe *– is –* und der für den Konjunktiv kennzeichnenden Silbe *– se –* (→ 9 G 2.3; 14 G 3.1; 22 G 1.2).

Konjunktiv Plusquamperfekt
-isse-
Modus-zeichen

23 Konjugationsschema

v-Perfekt

vocāvissem
vocāvissēs
vocāvisset
vocāvissēmus
vocāvissētis
vocāvissent

→ Tab. V₂ (S. 153)

Entsprechend vom Perfekt-Aktiv-Stamm

auf **-u-**:	monuissem, monuissēs *usw.*
auf **-s-**:	dūxissem, dūxissēs *usw.*
mit **Dehnung**:	cēpissem, cēpissēs *usw.*
mit **Reduplikation**:	cucurrissem, cucurrissēs *usw.*
ohne **Veränderung**:	comprehendissem, comprehendissēs *usw.*
fu- (von ESSE):	fuissem, fuissēs *usw.*

▶ **Passiv**

vocātus, -a, -um	essem
vocātī, -ae, -a	essēmus
monitus, -a, -um	essem
monitī, -ae, -a	essēmus
audītus, -a, -um	essem
audītī, -ae, -a	essēmus
captus, -a, -um	essem
captī, -ae, -a	essēmus
ductus, -a, -um	essem
ductī, -ae, -a	essēmus

Der **Konjunktiv Plusquamperfekt Passiv** besteht aus zwei Wörtern:
– dem Partizip Perfekt Passiv (→ 13 G 1.1)
– dem Konjunktiv Imperfekt von ESSE:
  essem, essēs (→ Tab. VII₁, S. 167)

→ Tab. V₂ (S. 154)

G2 Konjunktiv Imperfekt und Plusquamperfekt: Verwendung

2.1 Verwendung im Gliedsatz

① Mārcus Catō
  cum rēgnum horrēret,
    Caesarī nōn favēbat.
② Timēbat enim,
  nē Caesar rēgnum peteret.
③ **Ut** cīvitātem līberam servāret,
    senātōrēs monuit,
      nē Caesarī omnia
      concēderent.
④ **Cum** Caesar cum cōpiīs Italiam
    intrāvisset,
  Catō frūstrā cūrābat,
    ut cīvēs timōre
    līberārentur.

Da Marcus Cato
die Alleinherrschaft *ablehnte*,
war er Cäsar nicht gewogen.
Er befürchtete nämlich,
dass Cäsar nach der Alleinherrschaft *strebe*.
Um die Republik *zu retten*
forderte er die Senatoren auf,
sie *sollten* Cäsar *nicht* alles
zugestehen.
Als Cäsar mit Truppen Italien
betreten hatte,
sorgte sich Cato vergeblich darum,
dass die Bürger von
Angst frei *blieben*.

23 Die **Formen des Konjunktiv Imperfekt** bzw. **Plusquamperfekt** erscheinen zumeist in Gliedsätzen, die von einem Satz abhängen, dessen Prädikat in einem **Tempus der Vergangenheit** steht.

> **L → D**   Die **Formen des Konjunktiv Imperfekt** bzw. **Plusquamperfekt** werden mit einer Ausnahme (→ 2.2) im **Deutschen** in der Regel mit dem **Indikativ** (oder mit einem erweiterten Infinitiv mit ... *zu* bzw. *um ... zu*) wiedergegeben.

2.2 Verwendung im Irrealis

Mārcus Catō dēlīberat:	
① **Sī** cīvitās lībera manēret, vīta cīvium tūta **esset**.	**Wenn** der Staat frei **bliebe**, wäre das Leben der Bürger sicher.
② **Nisī** Caesar cīvitātem in perīculum vocā**visset**, patria bellō dēlēta nōn **esset**.	**Wenn** Cäsar den Staat nicht in Gefahr **gebracht hätte**, wäre das Vaterland nicht durch Krieg **zerstört worden**.

Der **Konjunktiv Imperfekt** bzw. **Plusquamperfekt** erscheint auch in einem Satz oder Satzgefüge, dessen Aussage sich als **nicht-wirklich** (**irreal**) erweist; das Geschehen oder Sein ist hier an Bedingungen geknüpft, die von vornherein als unerfüllbar oder unzutreffend erscheinen.

- Der **Konjunktiv Imperfekt** drückt den **Irrealis der Gegenwart** aus ①
- Der **Konjunktiv Plusquamperfekt** drückt den **Irrealis der Vergangenheit** aus ②

> **L → D**   Der **Irrealis** muss im **Deutschen** mit den Formen des **Konjunktivs II** wiedergegeben werden.

G3 Zeitverhältnisse im konjunktivischen Gliedsatz

3.1 Formen des **Konjunktivs**, die vom **Präsens-Stamm** gebildet sind, zeigen an, dass die Aussage des Gliedsatzes **zeitgleich** mit der des Hauptsatzes ist:

KONJUNKTIVE DER GLEICHZEITIGKEIT

Hauptsatz	*Gliedsatz*
Präsens (oder Futur)	Konjunktiv Präsens
Tempus der Vergangenheit	Konjunktiv Imperfekt

23 3.2 Formen des **Konjunktivs**, die vom **Perfekt-Aktiv-Stamm** bzw. **Partizip-Perfekt-Passiv-Stamm** gebildet sind, zeigen an, dass die Aussage des Gliedsatzes **zeitlich vor** der des Hauptsatzes liegt:

KONJUNKTIVE DER VORZEITIGKEIT

Hauptsatz	Gliedsatz
Präsens (oder Futur)	Konjunktiv Perfekt
Tempus der Vergangenheit	Konjunktiv Plusquamperfekt

T Brief

Der **Brief** (→ T 3.3) steht dem Gespräch (→ 21 T) nahe. Auch in ihm herrschen die erste Person des Autors und die zweite Person des Adressaten vor.
Verwendung der Tempora und Modi:
Leittempus des Briefes ist *im Deutschen* in der Regel das **Präsens**, weil der Autor seine persönlichen Aussagen in der Regel aus der unmittelbaren, aktuellen Situation des Schreibens heraus formuliert.
Aber auch das **Perfekt** als Tempus der Erzählung oder des Berichts vergangener Geschehnisse und das **Futur** als Tempus für die Formulierung von Anliegen und Erwartungen treten auf.
Leittempus des Briefes ist *im Lateinischen* dagegen das Imperfekt (seltener Perfekt) bzw. bei Bezug auf ein vergangenes Geschehen das Plusquamperfekt; der Schreibende versetzt sich nämlich in die Zeit des Brieflesers, von der aus betrachtet das, was im Brief berichtet wird, bereits als vergangen erscheint. Charakteristisch für den Brief ist die Vielfalt der verwendeten **Modi**. So können neben dem Indikativ als dem Modus der Wirklichkeit die Modi **Konjunktiv** und **Imperativ** den Brieftext entscheidend prägen, z. B. in Überlegungen und Annahmen des Autors bzw. in seinen Absichten und Forderungen gegenüber dem Adressaten.
Gliederung und Kohärenz:
Die Aussagen des Briefautors lassen sich nach **logischen**, z. B. begründenden oder folgernden, **Konnektoren** (→ T 2.2) gliedern. **Zeitliche Konnektoren** treten auf, wenn eine längere Erzählung in den Brief aufgenommen ist.
Das vom Autor behandelte **Hauptthema** lässt sich an der Wiederholung von **Leitwörtern** (→ T 2.1) und den **Verweiswörtern** (→ T 2.5) erkennen.
Ein Brief wird in der Regel von einer einleitenden Grußformel (‚… salūtem plūrimam dīcit …'/‚… s. p. d. …') und einem Abschiedswort (‚Valē!') umrahmt.

24

Zur Kasuslehre: Genitiv zur Angabe des „Subjekts" oder des „Objekts"
Zur Kasuslehre: Dativ des Zwecks
Indefinit-Pronomen: QUIDAM, QUAEDAM, QUODDAM
Textlehre: Beschreibung

G1 Zur Kasuslehre: Genitiv zur Angabe des „Subjekts" oder des „Objekts"

1.1

① cūra mātris — die Sorge *der* Mutter
metus Rōmānōrum — die Furcht *der* Römer
cupiditās Caesaris — das Verlangen *Cäsars*

② cūra mātris — die Sorge **um** die Mutter
metus Rōmānōrum — die Furcht **vor** den Römern
cupiditās imperiī — das Verlangen **nach** Herrschaft

1.2

Der **Genitiv eines Nomens**, der als **Attribut** zu einem Substantiv tritt, kann verschiedene Aufgaben erfüllen.

Wenn wir die Wortverbindung jeweils in einem Satz ausdrücken, dessen Prädikat aus der Wortwurzel des Substantivs (z. B. *cūra*) gebildet ist, wird die **Bedeutung** des Genitivs klar ersichtlich:

Der **Genitiv** gibt das „Subjekt" dieses Satzes an: **Genitivus subiectivus.**

① cūra mātris — **Māter < fīliōs > cūrat.**
Wer sorgt sich? / Wer pflegt?

Der **Genitiv** gibt das „Objekt" dieses Satzes an: **Genitivus obiectivus.**

② cūra mātris — **Mātrem < fīliī > cūrant.**
Wen pflegen sie? / Um wen sorgen sie sich?

L → D Der **Genitivus obiectivus** wird im Deutschen zumeist mit einer **präpositionalen Verbindung** oder mit einem zusammengesetzten Substantiv wiedergegeben, z. B.
cupiditās pecuniae: *Gier nach Geld, Geldgier*
timor mortis: *Furcht vor dem Tod, Todesangst*

Welcher Fall jeweils vorliegt, ist nur aus dem Textzusammenhang zu erschließen.

24 G2 Zur Kasuslehre: Dativ des Zwecks

① Salūs mīlitum
   Caesarī cūrae erat.

② Caesar
   amīcīs suīs auxiliō vēnit.

③ Caesaris fortūna hodiē
   quoque nōnnūllīs
   māgnae admīrātiōnī est.

Das Wohl der Soldaten
lag Cäsar *am Herzen.*
(Cäsar *machte* sich *Sorgen* um …)

Cäsar *kam*
seinen Freunden *zu Hilfe.*

Cäsars Glück *ruft* auch heute
noch bei manchen *große*
Bewunderung hervor.

Der Dativ bezeichnet auch **Zweck, Ziel** *(fīnis)* oder **Wirkung**: **Dativus finalis**.

Der Dativ des Zwecks gibt Antwort auf die Frage
WOZU? ZU WELCHEM ZWECK / ZIEL? MIT WELCHER WIRKUNG?

Der **Dativus finalis** begegnet meist in Verbindung mit einem **Dativ der Person** und der **Copula ESSE** ① ③, aber auch mit **anderen Verben**, z. B. *venīre* ②, *tribuere, dare*.

Der **Dativus finalis** erfüllt
▶ in Verbindung mit der **Copula ESSE** die **syntaktische Funktion** (Aufgabe) des **Prädikatsnomens** ① ③,
▶ in Verbindung mit **Verben** wie *venīre, tribuere, dare* die **syntaktische Funktion** (Aufgabe) des **Adverbiales** ②.

Im Satzmodell:

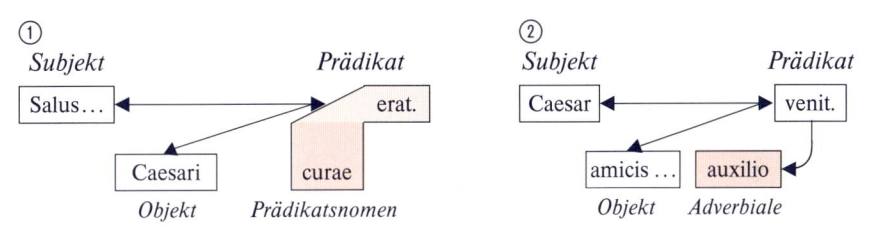

①
Subjekt		Prädikat
Salus…	◀──────▶	erat.
Caesari		curae
Objekt		*Prädikatsnomen*

②
Subjekt		Prädikat
Caesar	◀──────▶	venit.
amicis …		auxilio
Objekt		*Adverbiale*

cōnsulī cūrae esse	dem Konsul Sorge machen
hominibus māgnae admīrātiōnī esse	bei den Menschen große Bewunderung erregen
suīs auxiliō venīre	den Seinen zu Hilfe kommen
ducī laudī tribuere	(es) dem Heerführer hoch anrechnen (es zum Lob anrechnen)
populō dōnō dare	dem Volk zum Geschenk machen / schenken

L → D Der **Dativus finalis** wird im Deutschen in der Regel mit einer **präpositionalen Verbindung** wiedergegeben, wenn er ein Verbum ergänzt (vgl. *zu Hilfe, zum Geschenk*). Ergänzt er die Copula ESSE, dann muss fast immer eine **freiere Übersetzung** gesucht werden.

24 G3 Indefinit-Pronomen: QUIDAM, QUAEDAM, QUODDAM

1.1 Deklination

quīdam, quaedam, quoddam *ein gewisser*			
	adjektivisch		
	m	f	n
N.Sg.	quīdam	quaedam	quoddam
G.		cuiusdam	
D.		cuidam	
Akk.	quendam	quandam	quoddam
Abl.	quōdam	quādam	quōdam
N.Pl.	quīdam	quaedam	quaedam
Gen.	quōrundam	quārundam	quōrundam
usw.			

Bei substantivischem Gebrauch lautet der Nominativ/Akkusativ des Neutrum: quiddam
(→ Tab. II₆, S. 149)

*quendam < *quemdam*
(→ L 24: Konsonantenannäherung)

QUIDAM wird weitgehend wie QUIS, QUID bzw. QUI, QUAE, QUOD dekliniert
(→ 11 G 2; 12 G 1.2)

Beachte aber: quendam, quandam; quōrundam, quārundam

1.2 Übersetzungsmöglichkeiten

① Rūfus **quīdam** vēnit.	Ein **gewisser** Rufus ist gekommen.
② **Quīdam** hoc nārrant.	**Manche** erzählen davon.
③ Fuit **quoddam** tempus …	Es gab **eine (bestimmte)** Zeit …
④ Caesar omnia cōnfēcit incrēdibilī **quādam** celeritāte.	Cäsar erledigte alles mit **geradezu** unglaublicher Schnelligkeit.

QUIDAM dient dazu,
▶ auf eine Person oder Sache **hinzuweisen**, die **nicht näher bezeichnet**, also **unbestimmt** bleiben soll oder muss (unbestimmtes Fürwort: Indefinit-Pronomen; im Deutschen genügt oft der unbestimmte Artikel: *ein*) ① ③;
▶ in **Verbindung mit Adjektiven** die damit bezeichneten Eigenschaften **hervorzuheben** ④.

T Beschreibung

Beschreibende Texte (→ T 3.4) beziehen sich auf **Personen** oder **Sachen**.
In der **Personen**beschreibung charakterisiert der Autor in **direkter** oder **indirekter** Form zumeist eine dritte Person.
Die **direkte** Charakterisierung erfolgt vor allem durch Verben und Adjektive:
Das Handeln erkennt man an den verwendeten **Verben**,
die Eigenschaften an den verwendeten **Adjektiven**,
die Beurteilung durch den Autor an den **Leitwörtern** (Substantive, Adjektive, Adverbien).

24

Indirekt charakterisiert wird eine Person durch eingestreute Reden oder Anekdoten und durch Situationen und Zusammenhänge, in die sie vom Autor gestellt wird. Dem gleichen Ziel dient die Einführung einer Kontrastfigur.

In der **Sach-** und **Bild**beschreibung sucht der Autor einen Gegenstand nach Form, Beschaffenheit und Funktion zu veranschaulichen und zu erklären.

Diese Beschreibung ist dadurch gekennzeichnet, dass das Nebeneinander einer Sache oder eines Bildes im Ablauf des Textes in ein Nacheinander aufgelöst wird. **Konnektoren** (→ 3 T) und **Verweis-Wörter** (→ 12 T) gliedern dieses Nacheinander; erst am Ende steht die beschriebene Sache bzw. das Gesamtbild deutlich vor Augen des Lesers.

25 Nomen: ē-Deklination
Verbum: NOVISSE, MEMINISSE, ODISSE
IRE (Präsens-Stamm)

G1 Nomen: ē-Deklination

1.1 Formenbildung

	Wortstamm		Endung	
N. Sg.	di	ē		s
G. Pl.	di	ē	r	um
		Kennvokal		
	Wortstock	Ausgang		

-ē- DEKLINATION

Der **Kennvokal** dieser Deklination ist -ē-, der **Wortstamm** von *diēs* lautet also *diē-*. An den Wortstamm treten die **Endungen** der Konsonantischen Deklination, mit Ausnahme des **Genitiv Singular** (-ī) und des (endungslosen) **Ablativ Singular**. Im Gen. Plur. tritt -r- zwischen Wortstamm und Endung -um.

Die Ausgänge der ē-Deklination lauten demnach:

	Sg.	Pl.
N./V.	-ēs	-ēs
G.	-ĕī/-ēī	-ērum
D.	-ĕī/-ēī	-ēbus
Akk.	-em	-ēs
Abl.	-ē	-ēbus

1.2 Deklinationsschema

	die/eine Sache		*der/ein Tag*	
	Singular	Plural	Singular	Plural
N./V.	rēs	rēs	diēs	diēs
G.	rĕī	rērum	diēī	diērum
D.	rĕī	rēbus	diēī	diēbus
Akk.	rem	rēs	diem	diēs
Abl.	rē	rēbus	diē	diēbus

→ Tab. I₁ (S. 147)

1.3 Genus

Dem grammatischen Geschlecht nach sind die **Substantive** der ē-Deklination **Feminina**. Ausnahme: *diēs* (der Tag) ist **Maskulinum**.

spēs certa eine begründete Hoffnung *aber:* prīmus diēs der erste Tag

25 G2 Verbum: NOVISSE, MEMINISSE, ODISSE

① Quis nōn **nōvit** Horātium poētam?	Wer kennt den Dichter Horaz nicht?
② Pater meus semper carminum eius **meminerat**.	Mein Vater erinnerte sich immer an seine Gedichte.
③ Dīxit: Etiam tū saepe **meminerīs** Horātiī poētae!	Er sagte: Auch du solltest oft an den Dichter Horaz denken!
④ Licetne poētās māgnōs **ōdisse**?	Darf man große Dichter hassen?

Nur in den Formen des Perfekt-Aktiv-Stammes werden folgende Verben verwendet:

meminī	meminisse	sich erinnern, denken an (*Imperativ:* mementō!)
nōvī	nōvisse	kennen, wissen
ōdī	ōdisse	hassen

→ Tab. VII₄,₁

L → D Im Deutschen werden bei *meminisse, nōvisse, ōdisse* die Formen des Perfekts (Indikativ ①, Konjunktiv ③, Infinitiv ④) jeweils mit der entsprechenden Form des Präsens, das Plusquamperfekt mit dem Präteritum ② wiedergegeben.

25 G3 IRE (Präsens-Stamm)

3.1 Präsens: Indikativ – Imperativ – Infinitiv

véni-ō	ich komme	e-ō	ich gehe
veni-s	du kommst	i-s	du gehst
veni-t	er/sie/es kommt	i-t	er/sie/es geht
veni-mus	wir kommen	i-mus	wir gehen
veni-tis	ihr kommt	i-tis	ihr geht
véni-unt	sie kommen	e-unt	sie gehen
venī!	komm!	ī!	geh!
veni-te!	kommt!	i-te!	geht!
veni-re	kommen	i-re	gehen

Der Präsens-Stamm von *ire* lautet ursprünglich *ei*.
Dieser Stamm erscheint als **-e-** vor den dunklen Vokalen **-a-, -o-, -u-**; sonst als **-i-/-ī-**.

3.2 Präsens: Konjunktiv – Imperfekt: Indikativ/Konjunktiv

	Präsens Konjunktiv	Imperfekt Indikativ		Konjunktiv
Sg. 1.	e-am	ī-bam	ich ging	ī-rem
2.	e-ās	ī-bās	du gingst	ī-rēs
3.	e-at	ī-bat	er/sie/es ging	ī-ret
Pl. 1.	e-āmus	ī-bāmus	wir gingen	ī-rēmus
2.	e-ātis	ī-bātis	ihr gingt	ī-rētis
3.	e-ant	ī-bant	sie gingen	ī-rent

Beachte: veniēbam, *aber:* ībam!

3.3 Futur I

Sg. 1.	veni-am	ī-bō	ich werde gehen
2.	veni-ēs	ī-bis	du wirst gehen
3.	veni-et	ī-bit	er/sie/es wird gehen
Pl. 1.	veni-ēmus	ī-bimus	wir werden gehen
2.	veni-ētis	ī-bitis	ihr werdet gehen
3.	veni-ent	ī-bunt	sie werden gehen

→ Tab. VII₁

26 Verbum: IRE (Perfekt-Aktiv-Stamm)
Adjektiv und Adverb: Komparation (regelmäßig)

G1 Verbum: IRE (Perfekt-Aktiv-Stamm)

1.1 Bildung

Perfekt-Aktiv-Stamm	Endung	
audī-v	it	er/sie/es hat gehört/hörte
i	it	er/sie/es ist gegangen/ging

Der **Perfekt-Aktiv-Stamm** von IRE lautet ī-, (ĭ- vor Vokal →L 18.2); er wird also ohne Veränderung des Präsens-Stammes (→ 25 G 3.1) gebildet.
An den Perfekt-Aktiv-Stamm ī-/ĭ- treten die bekannten Endungen des Perfekts und Plusquamperfekts.

1.2 Konjugationsschema

Perfekt: Indikativ und **Konjunktiv**

ich bin gegangen, ich ging	→ 22 G 1.2
í-ī	í-erim
ī-stī (< *i-istī)	í-eris
í-it	í-erit
í-imus	i-érimus
ī-stis (< *i-istis)	i-éritis
i-érunt	í-erint

Plusquamperfekt: Indikativ und **Konjunktiv**

ich war gegangen	→ 23 G 1.2
í-eram	ī-ssem (< *i-isse-m)
í-erās	ī-ssēs
usw.	usw.

Perfekt: Infinitiv

gegangen (zu) sein
ī-sse (< *i-isse)

ī*stī, ī*stis; ī*ssem, ī*ssēs usw.; ī*sse: ii>ī vor -s-.

26 G2 Adjektiv und Adverb: Komparation (regelmäßig)

> **Steigerung des Adjektivs**
>
> Wir können ein Adjektiv steigern, d. h. sog. **Vergleichsstufen** bilden. Sie werden benötigt, wenn zwei oder mehr Lebewesen, Gegenstände oder Begriffe miteinander verglichen werden.
>
> | | | |
> |---|---|---|
> | **Positiv** | *(Grundstufe):* | Das Haus ist **hoch**. |
> | **Komparativ** | *(Höherstufe):* | Der Baum ist **höher**. |
> | **Superlativ** | *(Höchststufe):* | Der Turm ist **am höchsten**. |
>
> Ausgehend von den Formen des Positivs bilden wir im Deutschen den Komparativ mit dem Element *-er-*, den Superlativ mit dem Element *-ste-*.

2.1 Adjektiv: Bildung von Komparativ und Superlativ

▶ Der **Komparativ** im **Nominativ Singular** ist gebildet, indem das **Bildungselement -ior- / -ius** an den Wortstock der Adjektive getreten ist.

-ior- / -ius

KOMPARATIV

Positiv	Wortstock	Bildungselement	Komparativ	
longus	long-		long-ior,	long-ius
asper	asper-		asper-ior,	asper-ius
pulcher	pulch r-		pulch r-ior,	pulch r-ius
celer	celer-	-ior- / -ius	celer-ior,	celer-ius
ācer	āc r-		āc r-ior,	āc r-ius
fortis	fort-		fort-ior,	fort-ius
prūdēns	prūdent-		prūdent-ior,	prūdent-ius

Bildungselement *-ior- / -ius:* → L 21.1; L 22

Deklinationsschema

	longior, longius *länger*			
	Singular		Plural	
	m/f	*n*	*m/f*	*n*
N./V	longior	longius	longiōrēs	longiōra
G.	longiōris		longiōrum	
D.	longiōrī		longiōribus	
Akk.	longiōrem	longius	longiōrēs	longiōra
Abl.	longiōre		longiōribus	

An den Komparativ-Stamm (z. B. *longior-*) sind die **Ausgänge der Konsonantischen Deklination** (→ 11 G 1.1) getreten.

26 ▶ Der **Superlativ** ist gebildet, indem an den Wortstock des Adjektivs das Bildungselement **-sim-** getreten ist; dieses ist in der Regel zu **-issim-** erweitert.
Nur bei den Adjektiven auf **-er** (*Nom. Sing.*) ist die Erweiterungssilbe **-is-**entfallen; das Bildungselement **-sim-** wurde zu **-rim-** (→ L 23: Assimilation) und ist an die Form des Nominativ Singular des Maskulinums getreten.

Positiv	Komparativ	Superlativ
longus	long-*ior, -ius*	long-**issimus, -a, -um**
fortis	fort-*ior, -ius*	fort-**issimus, -a, -um**
prūdēns	prūdent-*ior, -ius*	prūdent-**issimus, -a, -um**
asper	asper*ior, -ius*	asper**rimus, -a, -um**
pulcher	pulchr*ior, -ius*	pulcher**rimus, -a, -um**
celer	celer*ior, -ius*	celer**rimus, -a, -um**
ācer	ācr*ior, -ius*	ācer**rimus, -a, -um**

◇ **-issim-** / **-rim-** SUPERLATIV

→ Tab. I₂ (S. 146/147) und III (S. 150)

Die Deklination des Superlativs richtet sich nach der **ā- / o-Deklination**.
An den Wortstock des Superlativs (*longissim-, celerrim-*) treten demnach die **Ausgänge -us, -a, -um**.

2.2 Komparativ und Superlativ – Verwendung und Übersetzung

① Haec turris alt**ior** est *quam* illa.	Dieser Turm ist **höher** *als* jener.
② Haec turris omnium alt**issim**a est.	Dieser Turm ist der **höchste** von allen / der aller**höchste**.
③ Haec turris alt**ior** est.	Dieser Turm ist **zu / allzu / ziemlich** hoch.
④ Illa turris alt**issim**a est.	Jener Turm ist **sehr / überaus** hoch.
⑤ Rōmānī oppida moenibus *quam* firm**issim**īs circumdabant.	Die Römer umgaben die Städte mit **möglichst** starken Mauern.

▶ **Komparativ und Superlativ im Vergleich**
Im **Komparativ** werden **zwei** Personen, Gegenstände oder Begriffe verglichen. Dabei wird das Verglichene in der Regel mit *quam* (als) angeschlossen. ①
Im **Superlativ** werden **mehrere** Personen, Gegenstände oder Begriffe verglichen. ②

▶ **Komparativ und Superlativ außerhalb eines Vergleichs**
Der **Komparativ** dient bisweilen zur Verstärkung oder Abmilderung einer Eigenschaft. ③

L → D	vir prūdent**ior**	ein **ziemlich** kluger Mann
	iūdicium ācr**ius**	ein **recht** scharfes Urteil

26 Der **Superlativ** dient häufig zum Ausdruck des sehr hohen Grades einer Eigenschaft: **Elativ**. ④

L → D

nāvēs cele**rrim**ae sehr/ überaus/ äußerst schnelle Schiffe
mōns alt**issim**us ein **sehr** hoher/ **himmel**hoher Berg
Beachte:
moenia *quam* **möglichst** starke Mauern
   firm**issima** ⑤

2.3 Adverb: Komparativ und Superlativ – Bildung und Übersetzung

① Quis cele**rius** currit quam Quīntus? Wer läuft **schneller** als Quintus?
② Nēmō; Quīntus enim Niemand; denn Quintus läuft
   omnium cele**rrimē** currit. von allen **am schnellsten**.

Lateinisch	Positiv	long**ē**	asper**ē**	celer**iter**	prūdent**er**
	Komparativ	long**ius**	asper**ius**	cele**rius**	prūdent**ius**
	Superlativ	long**issimē**	asper**rimē**	cele**rrimē**	prūdent**issimē**
Deutsch	Positiv	lang	streng	schnell	klug
	Komparativ	länger	strenger	schneller	klüger
	Superlativ	am längsten	am strengsten	am schnellsten	am klügsten

Der **Komparativ des Adverbs** hat die Endung *-ius*; er gleicht dem Neutrum Singular (Nominativ/Akkusativ) des Komparativs der Adjektive. ①

-ius
Komparativ

Der **Superlativ des Adverbs** endet auf -**ē**; -**ē** ist an den Wortstock des Superlativs angefügt (*longissim-, celerrim-*). ②

-issimē
-rimē
Superlativ

L → D

Beachte:
Der Komparativ und Superlativ des **Adverbs** können auch **außerhalb eines Vergleichs** verwendet sein. Für die Übersetzung gilt dasselbe wie für die des Komparativs und Superlativs des Adjektivs (→ 2.2), z. B.:

cele**rius** currere **allzu/ ziemlich** schnell laufen
cele**rrimē** currere **sehr** schnell/ **pfeil**schnell laufen
quam cele**rrimē** currere **möglichst** schnell laufen

27 Partizip Futur Aktiv (PFA) – Bildung und Verwendung
Infinitiv Futur Aktiv
Zeitverhältnisse im AcI (Zusammenfassung)

G1 Partizip Futur Aktiv (PFA)

1.1 Bildung und Bedeutung

Infinitiv Präsens	Partizip Perfekt Passiv (PPP)	Partizip Futur Aktiv (PFA)		Bedeutung	
vocā-re	vocā-tus, a, um	vocā-tūr-us, a, um		rufen	
explē-re	explē-tus, a, um	explē-tūr-us, a, um		erfüllen	
audī-re	audī-tus, a, um	audī-tūr-us, a, um		hören	
dūc-e-re	duc-tus, a, um	duc-tūr-us, a, um		führen	
adiuvā-re	adiū-tus, a, um	adiū-tūr-us, a, um		helfen	
removē-re	remō-tus, a, um	remō-tūr-us, a, um	einer, der	entfernen	wird / will
relinqu-e-re	relic-tus, a, um	relic-tūr-us, a, um		zurücklassen	
cognōsc-e-re	cógni-tus, a, um	cogni-tūr-us, a, um		erkennen	
vidē-re	vī-sus, a, um	vī-sūr-us, a, um		sehen	
pell-e-re	pul-sus, a, um	pul-sūr-us, a, um		treiben	
ī-re	i-tum	i-tūr-us, a, um		gehen	
es-se	-	fu-tūr-us, a, um		sein	

Das **Partizip Futur Aktiv** (PFA) wird mit dem **Bildungselement -tūr-** gebildet, das an den Präsens-Stamm tritt. Der Präsens-Stamm erfährt dabei im Auslaut die gleichen Veränderungen wie bei der Bildung des PPP (→ 13 G 1.1). So kann sich auch das Bildungselement -tūr- zu -sūr- verändern.

-tūr-
-sūr-

Partizip Futur

27   1.2 Verwendung als Prädikatsnomen

> ① Discordia omnia perturbātūra est.
> Die Göttin der Zwietracht **will** alles stören.
>
> ② Itaque Iūppiter eam intrāre prohibitūrus erat.
> Deswegen **hatte** Jupiter die **Absicht** sie am Eintreten zu hindern.

Das **Partizip Futur Aktiv** drückt in Verbindung mit der **Copula** ESSE eine **unmittelbar bevorstehende** ① oder in naher Zukunft **beabsichtigte** ② **Handlung** aus: es übernimmt die **syntaktische Funktion** (Aufgabe) des **Prädikatsnomens**.

L → D

Die Verbindung des Partizips Futur Aktiv mit der Copula ESSE wird im Deutschen folgendermaßen wiedergegeben:

Tē vīsitātūrus sum/eram.
- Ich will/wollte dich gerade besuchen.
- Ich bin/war im Begriff dich zu besuchen.
- Ich habe/hatte die Absicht dich zu besuchen.

1.3 Verwendung als Adverbiale: Participium coniunctum

> ① *Discordia* Olympum intrātūra ā custōdibus arcēbātur.
> **Als/Weil** die Göttin der Zwietracht den Olymp **betreten wollte**, wurde sie von Wächtern abgehalten.
>
> ② *Ea* enim deōs ā Iove con-vocātōs lacessītūra vēnerat.
> Sie war nämlich erschienen, **weil sie** die von Jupiter versammelten Götter **herausfordern wollte** / um die ... Götter **herauszufordern**.
>
> ③ Iūppiter *Mercurium* mīsit pācem inter deās conciliātūrum.
> Jupiter schickte Merkur los, **damit er** unter den Göttinnen Frieden **stifte**.

a) Syntaktische Funktion

In den Sätzen ① – ③ ist das **Partizip Futur Aktiv** in Beziehung auf das **Subjekt** ① ② oder **Objekt** ③ als **Participium coniunctum** (→ 13 G 2.1) verwendet. Es erfüllt somit die **syntaktische Funktion** (Aufgabe) des **Adverbiales**.

Im Satzmodell:

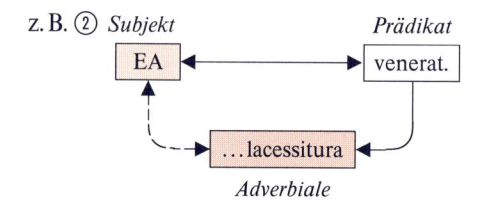

z. B. ② *Subjekt*   *Prädikat*
EA ←→ venerat.
↓
...lacessitura
Adverbiale

b) Zeitverhältnis

Das **Partizip Futur Aktiv** drückt das Zeitverhältnis der **Nachzeitigkeit** aus, d. h. der durch das Partizip Futur ausgedrückte Vorgang liegt zeitlich **nach** der Aussage, die das Prädikat des Satzes macht:

> **Partizip der Nachzeitigkeit**

c) Sinnrichtung

Das **Partizip Futur Aktiv** kann wie das PPP (→ 13 G 2.1) verschiedene Sinnrichtungen ausdrücken, z. B. *temporale* oder *kausale* Sinnrichtung. ① Nach Verben der Bewegung (z. B. *venīre* ②, *mittere* ③) kann es **zusätzlich** eine **Absicht** kennzeichnen: **finale Sinnrichtung** (→ 22 G 2.2).

d) Übersetzung

L → D

Das adverbial verwendete **Partizip Futur Aktiv** wird im Deutschen **nach Verben der Bewegung** meist mit einem Gliedsatz wiedergegeben, der die Absicht der handelnden Person(en) deutlich macht (*weil ... will/ wollte* ①; *um ... zu* ②; *damit* ③).

G2 Infinitiv Futur Aktiv

① *Minerva* spērābat *sē cēterās deās superātūram esse.*	Minerva hoffte, dass sie über die übrigen Göttinnen triumphieren **werde**.
② *Dīxit Paridem omnium sapientissimum* **futūrum esse / fore**.	Sie sagte, Paris **werde** der Allerweiseste sein.

2.1 Bildung

Der **Infinitiv Futur Aktiv** besteht also aus zwei Formen:
- dem **Partizip Futur Aktiv**,
- der Copula ESSE: -tūrum, -tūram, -tūrum esse bzw. -tūrōs, -tūrās, -tūra esse.

Weil der **Infinitiv Futur Aktiv** zumeist **im AcI** (→ 15 G 1/2) erscheint, richtet sich die Form des Partizip Futur Aktiv in Kasus, Numerus und Genus nach dem ‚Subjekt' des AcI (KNG-Regel): *Minerva ... sē superātūram esse.* ①

Der Infinitiv Futur von ESSE lautet FUTURUM, -AM, -UM bzw. -OS, -AS, -A ESSE; er kann durch die unveränderliche Form FORE ersetzt sein. ②

2.2 Zeitverhältnis

Der Infinitiv Futur Aktiv bezeichnet im AcI einen Vorgang, der zum Vorgang des Satzes **nachzeitig** ist (→ 15 G 1.3: Zeitverhältnisse im AcI).

> **Infinitiv der Nachzeitigkeit**

27 2.3 Übersetzung

⌐→D

Die Übersetzung des Infinitivs im AcI lässt sich im Deutschen häufig verkürzen:
Minerva sagte, *Paris werde ... sein.*

G3 Zeitverhältnisse im AcI (Zusammenfassung)

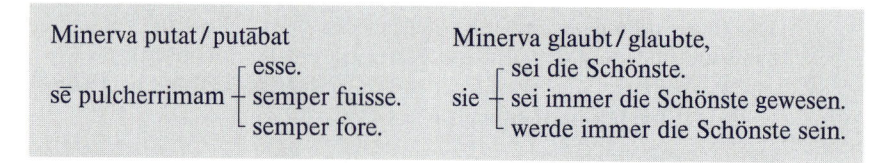

Minerva putat / putābat
sē pulcherrimam ⎰ esse.
⎨ semper fuisse.
⎱ semper fore.

Minerva glaubt / glaubte,
sie ⎰ sei die Schönste.
⎨ sei immer die Schönste gewesen.
⎱ werde immer die Schönste sein.

Infinitiv Präsens, **Infinitiv Perfekt** und **Infinitiv Futur** werden zumeist im AcI verwendet. Sie drücken die Zeitverhältnisse der **Gleichzeitigkeit**, der **Vorzeitigkeit** und der **Nachzeitigkeit** aus.

Form des Infinitivs	Zeitverhältnis
Infinitiv Präsens Aktiv und Passiv	gleichzeitig
Infinitiv Perfekt Aktiv und Passiv	vorzeitig
Infinitiv Futur Aktiv (und Passiv)	nachzeitig

28 Verbum: Futur II Aktiv und Passiv
Partizip Präsens Aktiv (PPrA) – Bildung und Verwendung

G1 Verbum: Futur II

1.1 Bildung

▶ **Aktiv**

Das **Futur II Aktiv** wird gebildet, indem zwischen den Perfekt-Aktiv-Stamm und das Person-Zeichen die Silbe **-er-/-eri-** als Tempus-Zeichen tritt.

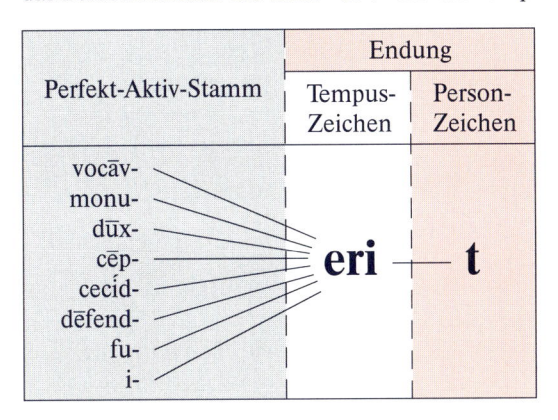

Perfekt-Aktiv-Stamm	Endung	
	Tempus-Zeichen	Person-Zeichen
vocāv- monu- dūx- cēp- cecid- dēfend- fu- i-	eri	t

-er-
-eri-

Futur II

Das Tempus-Zeichen **-er-/-eri-** besteht aus der Erweiterungssilbe *-er-* (< *-is-*, das vor Vokal zu *-er-* wird: Rhotazismus → L 22) und mit Ausnahme der 1. Person Singular aus dem Bindevokal *-i-*.

Konjugationsschema

Perfekt-Aktiv-Stamm auf -v-
vocā́verō
vocā́veris
vocā́verit
vocāvérimus
vocāvéritis
vocā́verint

Entsprechend vom Perfekt-Aktiv-Stamm
auf **-u**: monúerō, monúeris *usw.*
auf **-s**: dū́xerō, dū́xeris *usw.*
mit **Dehnung**: cḗperō, cḗperis *usw.*
mit **Reduplikation**: cecíderō, cecíderis *usw.*
ohne Veränderung: dēfénderō, dēfénderis *usw.*
fu- (von ESSE): fúerō, fúeris *usw.*
i- (von IRE): ierō, ieris *usw.*

▶ **Passiv**

Das **Futur II Passiv** besteht aus zwei Wörtern:
– dem Partizip Perfekt Passiv (→ 13 G 1.1),
– den Futurformen von ESSE: (→ 16 G 1.3): *erō, eris* usw. (→ Tab. V₂, S. 154)

vocāre: vocātus erit	monēre: monitus erit	capere: captus erit
explēre: explētus erit	dūcere: ductus erit	dēfendere: dēfēnsus erit

1.2 Übersetzung

> *Proserpina Orpheō:*
> Sī oculōs flex**eris**, Wenn du dich (auf dem Rückweg)
>   **(umgesehen hast) umsiehst**,
> uxōrem statim āmittēs. verlierst du deine Frau
>   sofort (wirst ... verlieren).

Die im Gliedsatz ausgedrückte Handlung (*Sī ... flexeris*) ist **vor** der Handlung des Hauptsatzes (*... āmittēs*) **abgeschlossen**; sie stellt die Voraussetzung/Bedingung für das Eintreten der Haupthandlung dar.
Die im **Futur II** ausgedrückte Handlung des Gliedsatzes steht also zur im **Futur I** erfassten Handlung des Hauptsatzes im Zeitverhältnis der **Vorzeitigkeit**.
Auf dem Zeitstrahl erscheint deshalb das Futur II **vor** dem Futur I:

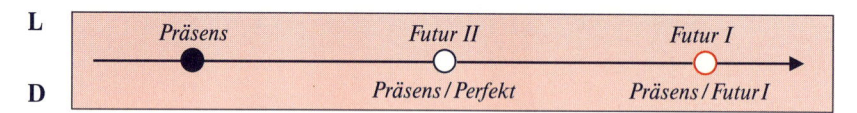

L	Präsens	Futur II	Futur I
D		Präsens/Perfekt	Präsens/Futur I

L → D Im Deutschen wird das Zeitverhältnis der Vorzeitigkeit in der Zukunft nicht bezeichnet.
Das Futur II wird mit **Präsens** oder **Perfekt** wiedergegeben.

1.3 Verwendung in Gliedsätzen

> *Orpheus:*
> ① **Sī** precēs meās, deī, aud**īveritis**, Wenn ihr, Götter, meine Bitten
>   grātiās vōbīs agam māximās.   **erhört/erhört habt**,
>   werde/will ich euch größten
>   Dank sagen.
> ② **Cum** Eurydica mihi reddit**a erit**, Wenn Eurydike mir **zurückgegeben**
>   omnium beātissimus erō.   **wird/worden ist**,
>   (dann) bin ich/werde ich der
>   Allerglücklichste sein.

In den Sätzen ① und ② steht jeweils im **Hauptsatz Futur I**, im **Gliedsatz Futur II**; dadurch wird ausgedrückt, dass die Handlung des Gliedsatzes als **vor** der Handlung des Hauptsatzes vollendet zu betrachten ist.
Das **Futur II** begegnet vor allem in **kondizionalen** ① und **temporalen** ② Gliedsätzen.

28 G2 Partizip Präsens Aktiv (PPrA)

2.1 Bildung

Wie im Deutschen gibt es auch im Lateinischen neben dem Partizip Perfekt Passiv (PPP) ein **Partizip Präsens Aktiv (PPrA)**.
Das **Partizip Präsens Aktiv** ist gebildet aus dem **Präsens-Stamm**, dem **Partizip-Präsens-Aktiv-Zeichen –nt–** und dem **Ausgang**.

Partizip Präsens Aktiv	Bedeutung
vocāns, voca**nt**is	rufend
explēns, exple**nt**is	erfüllend
audiēns, audi**ent**is	hörend
petēns, pete**nt**is	erstrebend
capiēns, capi**ent**is	fangend
iēns, e**unt**is	gehend

–nt–

Partizip Präsens

Erläuterungen:
Nominativ Singular: *vocāns* < *vocant-s (→ L 26,2)
ī-Konj., Konson. Konj., ĭ-Konj., *īre*: Zwischen Präsens-Stamm und Partizip-Präsens-Aktiv-Zeichen **-nt-** tritt der **Bindevokal** *-e-/-u-* (→ L 20.1).
īre: Der ursprüngliche Stamm lautet **ei-*. Dieser Stamm erscheint vor den dunklen Vokalen **-a-, -o-, -u-** als *e-*, sonst als **i-** (→ 25 G 3.1): *iēns, e-u-nt-is*.

Deklinationsschema

	vocāns, -ntis	*rufend*		
	Singular		Plural	
	m/f	n	m/f	n
N./V	vocāns		vocantēs	vocantia
G.	vocantis		vocantium	
D.	vocantī		vocantibus	
Akk.	vocantem	vocāns	vocantēs	vocantia
Abl.	vocante		vocantibus	

-e

Die Deklination des Partizip Präsens Aktiv stimmt mit der der **einendigen** Adjektive der ĭ-Deklination (→ 18 G 1.2: *ingēns, ingentis*) überein. Ausnahme: **Ablativ Singular -e**.

28 2.2 Partizip Präsens Aktiv (PPrA) als Adverbiale: Participium coniunctum

① Orpheus
    vōce dulcī **cantāns**
    Prōserpinae animum movet.
	Als / Indem / Weil Orpheus mit lieblicher Stimme **singt**, rührt er Proserpinas Herz.
	Orpheus **singt** mit lieblicher Stimme; **da / dadurch / deshalb** rührt er Proserpinas Herz.

② Charōn
    Orphēum **ōrantem**
    arcet.
	Charon weist Orpheus, **obwohl** der **bittet**, ab.
	Charon weist Orpheus **trotz** seiner **Bitten** ab.

a) **Syntaktische Funktion**

Wie das Partizip Perfekt Passiv (PPP) und das Partizip Futur Aktiv (PFA) kann auch das **Partizip Präsens Aktiv (PPrA)** die **syntaktische Funktion** (Aufgabe) des **Adverbiales** übernehmen (→ 13 G 2.1).

Im Satzmodell:

Partizip Präsens Aktiv als Adverbiale

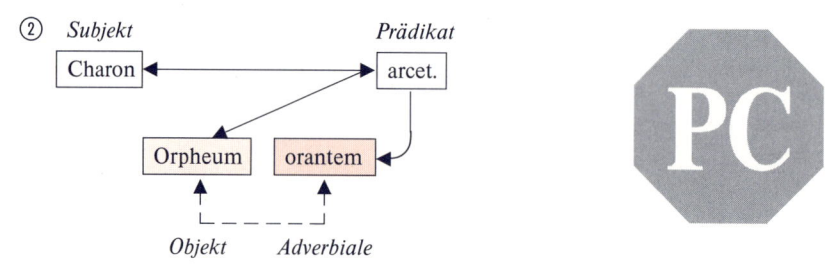

② *Subjekt*   *Prädikat*
   [Charon] ⟷ [arcet.]
        ↓   ↓
   [Orpheum] [orantem]
      ↑   ↑
   Objekt   *Adverbiale*

PC

b) **Zeitverhältnis**

Das **Partizip Präsens Aktiv** drückt eine **Gleichzeitigkeit** aus, d. h. die durch das PPrA ausgedrückte Handlung verläuft **gleichzeitig** mit der Handlung, über die das Prädikat eine Aussage macht:

Partizip der Gleichzeitigkeit

c) **Sinnrichtung**

Das **Partizip Präsens Aktiv** in der syntaktischen Funktion (Aufgabe) des Adverbiales kann alle **Sinnrichtungen** ausdrücken, die auch das Partizip der Vorzeitigkeit ausdrücken kann (→ 13 G 2.1), z. B. *temporal* ①, *modal* ①, *kausal* ① oder *konzessiv* ②.

Die zutreffende Sinnrichtung muss aus dem jeweiligen Textzusammenhang erschlossen werden.

28 d) **Übersetzung**

Das Partizip Präsens Aktiv als Participium coniunctum kann wiedergegeben werden

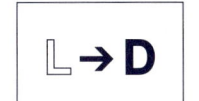

L → D
- durch Unterordnung ① ②,
- durch Beiordnung ①,
- durch präpositionale Verbindung ②.

Sinnrichtung (semantische Funktion)	Übersetzungsmöglichkeiten des Participium coniunctum		
	mit Unterordnung/ Gliedsatz	mit Beiordnung/ Satzreihe	mit präpositionaler Verbindung
temporal/ zeitlich	als während	währenddessen	während
modal[1]	indem dadurch, dass	dabei dadurch	durch
kausal/ begründend	da weil	daher deshalb	infolge wegen
konzessiv[2]/ einräumend	obwohl, obgleich auch wenn	trotzdem dennoch	trotz

1) < *modus, -ī*: Art und Weise
2) < *concēdere:* zugestehen, einräumen

2.3 Partizip Präsens Aktiv (PPrA) als Attribut

Deī animās mortuōrum **regentēs** Plūtō et Prōserpina sunt.	(Die über die Seelen der Toten **herrschenden** Götter/) Die Götter, **die** über die Seelen der Toten **herrschen**, sind Pluto und Proserpina.

a) Syntaktische Funktion

Wie das PPP kann auch das **Partizip Präsens Aktiv (PPrA)** die **syntaktische Funktion** (Aufgabe) **des Attributs** übernehmen (→ 13 G 2.2).

Im Satzmodell:

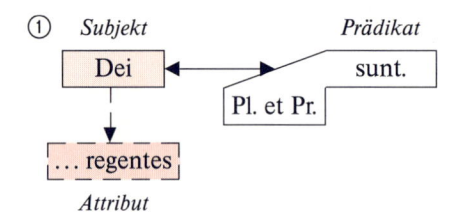

① Subjekt — Prädikat
Dei ← Pl. et Pr. — sunt.
... regentes
Attribut

b) Übersetzung

└→ D

Wenn das Partizip Präsens Aktiv (*regentēs*) durch zusätzliche Angaben (*animōs mortuōrum*) näher bestimmt ist, ist die Übersetzung des Partizips mit **Relativsatz** der wörtlichen Wiedergabe meist vorzuziehen (→ 13 G 2.2).

29 Ablativ mit Partizip / Ablativus absolutus:
mit Partizip der Gleichzeitigkeit
mit Partizip der Vorzeitigkeit
Passivische Form mit aktivischer Bedeutung

G1 Ablativ mit Partizip der Gleichzeitigkeit

① Oedipūs **Sphingem rogantem** nōn timet. — Ödipus fürchtet **die Sphinx** nicht, als/während/obwohl sie ihre **Fragen stellt**.

② Oedipūs **Sphinge rogante** animō quiētus est. — Ödipus ist ‚seelenruhig', als/während/obwohl **die Sphinx** ihre **Fragen stellt**.

1.1 Erscheinungsform und syntaktische Funktion

Die in den Sätzen ① und ② hervorgehobenen Bauelemente bestehen jeweils aus einem **Substantiv** und einem **Partizip**, das im gleichen Kasus wie das Substantiv steht.

In Satz ① bezieht sich das Partizip Präsens Aktiv *rogantem* auf den Akkusativ *Sphingem*; dieser erfüllt die syntaktische Funktion des Akkusativ-Objekts (*Wen* fürchtet Ödipus nicht?). Mit diesem Objekt ist das Partizip durch Kongruenz verbunden. Zugleich erfüllt es die **syntaktische Funktion** (Aufgabe) des Adverbiales: **Participium coniunctum** (→ 13 G 2.1; 28 G 2.2).

In Satz ② bezieht sich das Partizip Präsens Aktiv *rogante* auf den Ablativ *Sphinge*; der Ablativ *Sphinge* hat für sich keine syntaktische Funktion (Aufgabe); er scheint vom Satz „losgelöst" zu sein: „absolut" (*ab-solūtus*: losgelöst).

Erst durch das Hinzutreten des Partizips *rogante* erhält der Ablativ *Sphinge* eine syntaktische Funktion. Der „**Ablativ mit Partizip**" enthält nämlich eine Aussage mit einem ‚Subjekt' im Ablativ und einem ‚Prädikat' im Ablativ eines Partizips; insofern stellt er eine **satzwertige Konstruktion** dar:

Sphinx rogat;
Sphinge rogante ⟩ Oedipūs quiētus est.

Diese Art der Verbindung des Ablativs mit einem Partizip nennt man

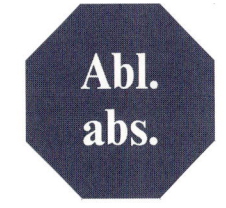

Ablativus absolutus

Abl. abs.

Wie das **Participium coniunctum** ① enthält der **Ablativus absolutus** ② eine für den Satzinhalt wichtige Information; er gibt die Umstände an, unter denen sich der Prädikatsvorgang vollzieht. Wie das **Participium coniunctum** übernimmt also auch der **Ablativus absolutus (Ablativ mit Partizip)** die **syntaktische Funktion** (Aufgabe) des **Adverbiales**, z. B. der *Zeit* oder des *Grundes*.

29

Im Satzmodell:

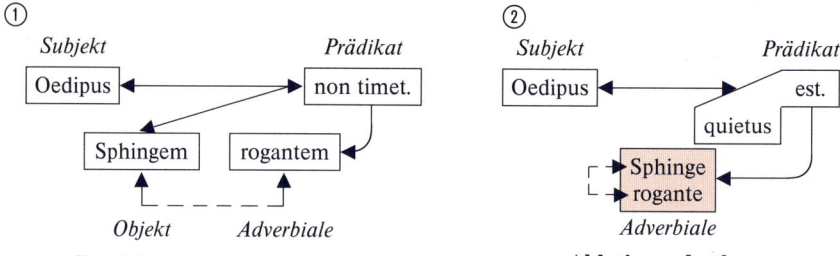

①
Subjekt — Oedipus → Prädikat — non timet.
Sphingem ← rogantem
Objekt — Adverbiale
Participium coniunctum

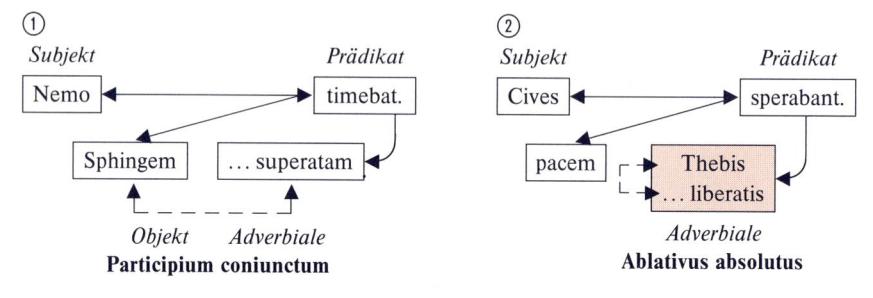

②
Subjekt — Oedipus → Prädikat — est.
quietus
Sphinge rogante
Adverbiale
Ablativus absolutus

1.2 Zeitverhältnis

Wie beim Participium coniunctum (→ 28 G 2.2) in ① drückt auch beim **Ablativus absolutus** ② das **Partizip Präsens Aktiv** einen Vorgang aus, der **gleichzeitig** mit dem im Prädikat ausgedrückten Vorgang abläuft:

> **Partizip der Gleichzeitigkeit**

G2 Ablativ mit Partizip der Vorzeitigkeit

① **Sphingem** ab Oedipode **superātam** nēmō iam timēbat.
Vor der Sphinx hatte, *als/nachdem/weil* sie von Ödipus **überwunden worden war**, niemand mehr Angst.

② **Thēbīs** ab illō mōnstrō **liberātīs** cīvēs pācem spērābant.
Als/Nachdem/Weil **Theben** von jenem Ungeheuer **befreit worden war**, hofften die Bürger auf Frieden.

2.1 Erscheinungsform und syntaktische Funktion

Die in den Sätzen ① und ② hervorgehobenen Bauelemente bestehen wiederum jeweils aus einem **Substantiv** und einem **Partizip** im gleichen Kasus, hier einem **Partizip Perfekt Passiv** (→ 13 G 1):

Satz ①: *Sphingem ... superātam* – **Participium coniunctum** im Akkusativ
Satz ②: *Thēbīs ... liberātīs* – **Ablativus absolutus**

Beide übernehmen wie das **Partizip Präsens Aktiv** (→ 1) die **syntaktische Funktion** (Aufgabe) des **Adverbiales**.

Im Satzmodell:

①
Subjekt — Nemo → Prädikat — timebat.
Sphingem ← ...superatam
Objekt — Adverbiale
Participium coniunctum

②
Subjekt — Cives → Prädikat — sperabant.
pacem ← Thebis ...liberatis
Adverbiale
Ablativus absolutus

29 2.2 Zeitverhältnis

Wie beim Participium coniunctum (→ 13 G 2.1) in ① drückt auch beim **Ablativus absolutus** ② das **Partizip Perfekt Passiv (PPP)** einen Vorgang aus, der **vor** dem im Prädikat erfassten Vorgang **abgeschlossen** ist:

> **Partizip der Vorzeitigkeit**

G3 Ablativ mit Partizip: Passivische Form mit aktivischer Bedeutung

① **Scelere quōdam commissō**	**Nachdem / Weil ein (bestimmtes) Verbrechen begangen worden war,**
Thēbae gravī morbō vexābantur.	wurde Theben von schwerer Krankheit heimgesucht.
② Oedipūs **multīs hominibus rogātīs** sē ipse illīus sceleris auctōrem invēnit.	Ödipus entlarvte sich selbst, **nachdem / weil er viele Menschen befragt hatte,** als Urheber jenes Verbrechens.

Das Partizip **Perfekt Passiv (PPP)** in einem Ablativus absolutus drückt zwar einen **passivischen** Vorgang im Zeitverhältnis der **Vorzeitigkeit** aus. ①
Häufig „verbirgt" sich aber hinter dieser Form ein dem **Sinn** nach **aktivischer** Vorgang, d. h. der vom PPP erfasste Vorgang wird vom **Subjekt** des Satzes **vor** dem Prädikatsvorgang vollzogen („krypto-aktive[1]" Konstruktion). ②

L → D Bei einer „krypto-aktiven" Konstruktion muss im Deutschen das Passiv mit dem **Aktiv** wiedergegeben werden.
Den Ausschlag für die Entscheidung, welches der beiden Genera verbi zutrifft, gibt letztlich der Textzusammenhang.

1) griech. *krýptein:* verbergen

30 Ablativ mit Partizip / Ablativus absolutus: Nominale Wendungen
Participium coniunctum und Ablativus absolutus: Zusammenfassung
(Sinnrichtungen, Zeitverhältnisse, Übersetzungsmöglichkeiten)

G1 Ablativ mit Partizip / Ablativus absolutus: Nominale Wendungen

① **Oedipode** *rēgnante*/ **rēge**
cīvēs Thēbānī pācem servābant.

Unter Ödipus' Herrschaft
hielten die Bürger Thebens Frieden.

② **Oedipode** *vīvente*/ **vīvō**
Eteoclēs et Polynīcēs
iam inimīcī erant.

Zu Lebzeiten des Ödipus
waren Eteokles und Polyneikes
schon verfeindet.

③ **Oedipode mortuō**
frātrēs dē rēgnō certābant.

Als Ödipus tot war/Nach Ödipus' Tod
stritten die Brüder um den Thron.

1.1 An der Stelle des Partizips kann in einem **Ablativus absolutus** auch ein **Nomen im Ablativ** erscheinen:
- ein **Substantiv**: *rēge* ① oder
- ein **Adjektiv**: *vīvō* ②, *mortuō* ③.

Der in derartigen nominalen Wendungen ausgedrückte Vorgang ist in der Regel **gleichzeitig**, selten vorzeitig (z. B. *mortuō*) zu dem im Prädikat erfassten Vorgang.

1.2 Folgende nominale Wendungen treten häufig auf:

Substantiv statt Partizip:
Augustō imperātōre — *unter* der Herrschaft des Augustus
Tarquiniō rēge — *unter* der Herrschaft des Tarquinius
Hannibale duce — *unter* Führung Hannibals
M. Tulliō M. Antōniō cōnsul**ibus** — *während* des Konsulats des M. Tullius und des M. Antonius

Adjektiv statt Partizip:
mātre vīvā — *zu* Mutters Lebzeiten/ *als* Mutter noch lebte
Caesare mortuō — *nach* Cäsars Tod/ *als* Cäsar tot war
mē ignārō — *ohne* mein Wissen
patre invītō — *gegen* den Willen des Vaters

30 G2 Participium coniunctum und Ablativus absolutus: Zusammenfassung

2.1 Participium coniunctum:
Sinnrichtungen – Zeitverhältnisse – Übersetzungsmöglichkeiten

① **temporal – gleichzeitig**
Oedipūs Thēbis **appropinquāns** Sphingem cōnspexit.

Als sich **Ödipus** Theben **näherte**, erblickte **er** die Sphinx.
Ödipus näherte sich Theben; da erblickte **er** die Sphinx.

② **kausal – vorzeitig**
Oedipodem ā Sphinge nōn **superātum** Thēbānī rēgem fēcērunt.

Weil Ödipus von der Sphinx nicht **bezwungen worden war**, machten **ihn** die Thebaner zum König.

③ **modal – gleichzeitig**
a) Nam **Oedipūs** fortissimē fēcerat mōnstrō obviam **iēns**.

Denn **Ödipus** hatte äußerst tapfer gehandelt, **indem er** dem Ungeheuer **entgegengetreten war**.
Denn **Ödipus war** dem Ungeheuer entgegengetreten; so hatte **er** äußerst tapfer gehandelt.

b) Nam **Oedipūs** nōn **dubitāns** mōnstrō obviam ierat.

Denn Ödipus war, **ohne zu zögern, / ohne Zögern** dem Ungeheuer entgegengetreten.

④ **konzessiv – vorzeitig**
Sed **Thēbānis** ā mōnstrō **liberātīs** (tamen) perīcula imminēbant.

Aber **obwohl** die Thebaner von dem Ungeheuer **befreit worden waren**, drohten ihnen (dennoch) weiter Gefahren.

⑤ **kondizional – vorzeitig**
Vatēs:
„**Auctor** sceleris **inventus** ā nōbīs pūniētur."

Der Seher sagte:
„**Wenn der Urheber** des Verbrechens **gefunden wird / ist**, wird er von uns bestraft werden."

----

⑥ **final – nachzeitig**
Tum **Oedipūs** multōs hominēs adiit auctōrem sceleris **inventūrus**.

Da wandte sich **Ödipus** an viele Menschen **um** den Urheber des Verbrechens **zu finden**.
Da wandte sich **Ödipus** an viele Menschen; **denn er wollte ... herausfinden**.

2.2 Ablativus absolutus:
Sinnrichtungen – Zeitverhältnisse – Übersetzungsmöglichkeiten

① **temporal – gleichzeitig**
Sōle occidente
Oedipūs Sphingem cōnspexit.

Als die **Sonne unterging,**
Bei Sonnenuntergang } erblickte Ödipus die Sphinx.

Die **Sonne ging** gerade **unter;**
da erblickte Ödipus die Sphinx.

② **kausal – vorzeitig**
Sphinge ab Oedipode **superātā**
Thēbānī sē perīculīs vacāre putābant.

Da die **Sphinx** von Ödipus **überwunden worden war,**
Wegen Ödipus' **Sieg über die Sphinx** } glaubten die Thebaner, sie seien frei von Gefahren.

Ödipus **hatte** die Sphinx **überwunden**;
daher glaubten die Thebaner, sie seien frei von Gefahren.

③ **modal – gleichzeitig**
a) Oedipūs
multīs spectantibus

rēx factus est.

Ödipus wurde
unter den Augen vieler
(wobei viele zuschauten)
zum König gemacht.
Ödipus wurde zum König gemacht;
dabei schauten viele zu.

b) Oedipūs
nūllō resistente

rēx factus est.

Ödipus wurde,
ohne dass jemand Widerstand leistete,
(ohne jemands Widerstand)
zum König gemacht.

④ **konzessiv – vorzeitig**
Thēbānīs ā mōnstrō **liberātīs**
urbs novō timōre opprimēbātur.

Obwohl die Thebaner von dem Ungeheuer befreit worden waren,
Trotz der Erlösung der Thebaner von dem Ungeheuer } wurde die Stadt von neuer Furcht bedrückt.

Die Thebaner waren von dem Ungeheuer **befreit worden**; **dennoch** wurde die Stadt von neuer Furcht bedrückt.

⑤ **kondizional – vorzeitig**
Vātēs:
„**Auctōre** sceleris nōn **inventō** dei nōs pūnient."

Der Seher:
„**Wenn der Urheber** des Verbrechens nicht **gefunden wird (ist),** werden uns die Götter strafen."

30 2.3 Zusammenfassung

Participium coniunctum (→ 13 G 2.1; 27 G 1.3; 28 G 2.2) und **Ablativus absolutus / Ablativ mit Partizip** (→ 29 G 1/2) sind **gleichwertige Konstruktionen** hinsichtlich
- der **syntaktischen Funktion** (Aufgabe) als **Adverbiale**,
- der **semantischen Funktionen**.
  Die jeweils zutreffende Sinnrichtung
  (*temporal* ①, *kausal* ②, *modal* ③, *konzessiv* ④, *kondizional* ⑤)
  ist nur aus dem **Textzusammenhang** eindeutig zu erfassen.
- des **Zeitverhältnisses**:
  Vorzeitigkeit und **Gleichzeitigkeit** werden von **beiden** Konstruktionen ausgedrückt.
  Nachzeitigkeit erscheint **nur** in der Konstruktion des **Participium coniunctum** zumeist mit *finaler* ⑥ Sinnrichtung (PFA: → 27 G 1.3).
- der **Wiedergabe im Deutschen**:

L → D   Der **Ablativus absolutus** (**Ablativ mit Partizip**) kann wie das **Participium coniunctum** durch **Unterordnung**, **Beiordnung** oder eine **präpositionale Verbindung** wiedergegeben werden.

Übersicht

Sinnrichtung (semantische Funktion)	Wiedergabe durch Unterordnung: Gliedsatz	Wiedergabe durch Beiordnung: Satzreihe	Wiedergabe mit präpositionaler Verbindung
temporal			
gleichzeitig	als / während / wenn / wobei	währenddessen dabei	während bei
vorzeitig	als / nachdem	daraufhin / dann	nach
kausal	da / weil	daher / deshalb	infolge / wegen
modal	wobei indem dadurch, dass *verneint:* ohne dass / ohne … zu	dabei dadurch	durch
konzessiv	obwohl / obgleich wenn auch	trotzdem / dennoch / allerdings, freilich	trotz
kondizional	wenn / falls	–	im Falle / bei
final (*nur als Part. coniunctum*)	damit, um … zu	–	in / mit der Absicht

ANHANG

Lautlehre und Tabellenteil

Lateinische Schrift und Laute

1. Die lateinischen Schriftzeichen

Die lateinischen Schriftzeichen vererbten sich nicht nur auf die romanischen Völker, sondern wurden durch das Christentum auch den Germanen übermittelt.
In der klassischen Zeit kannten die Römer nur Großbuchstaben (*Majuskeln*). Aus ihnen entwickelten sich gegen Ende des Altertums die meist flüssiger zu schreibenden Kleinbuchstaben (*Minuskeln*).
Das **lateinische Alphabet** umfasst folgende Buchstaben:

Minuskel	a b c d e f g h i k l m n o p q r s t u v x y z
Majuskel	A B C D E F G H I K L M N O P Q R S T U V X Y Z

2. Die lateinischen Laute

VOKALE

Das Lateinische hat wie das Deutsche **lange** und **kurze Vokale** (*Selbstlaute*). Längen werden in unserer Sprache durch Vokalverdoppelung (z. B. *Paar*) oder Dehnungs-h (z. B. *Bahre*) kenntlich gemacht; gelängtes -i- wird vornehmlich durch -ie- dargestellt.

L 1 Die lateinische Schreibweise verfügt nicht über diese Mittel zur Kennzeichnung langer Vokale. Deshalb wird in diesem GB die **Länge eines Vokals** durch einen **Strich** (¯) über dem Vokal angegeben:

$$\bar{a}, \bar{e}, \bar{i}, \bar{o}, \bar{u}$$

L 2 Die kurzen Vokale werden in der Regel nicht gekennzeichnet; nur wenn ausdrücklich auf eine **Kürze** hinzuweisen ist, erscheint ein **Häkchen** (˘) über dem Vokal:

$$ă, ĕ, ĭ, ŏ, ŭ$$

L 3 In der lateinischen Sprache treten folgende Vokale auf:

      Einfache Vokale: a, e, i, o, u
                                  (y)
      Doppellaute: au, ei, eu,
                                  (ae, oe)

L 4 Der Vokal y (gesprochen wie deutsches ü) kommt nur in griechischen Fremdwörtern vor (z. B. *cyclus*).
Die Zwielaute (Diphthonge) **ae**, **oe** werden wie die Umlaute ä, ö oder als zwei getrennte Laute a-e, o-e gesprochen (z. B. *caelum, poena*).
Doppellaute sind im Lateinischen stets lang.

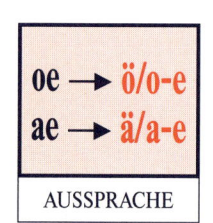

oe → ö/o-e
ae → ä/a-e

AUSSPRACHE

KONSONANTEN

L 5 Die **Konsonanten** (*Mitlaute*) sind im Lateinischen und Deutschen weitgehend gleich. Von den deutschen Schriftzeichen fehlen im Lateinischen j, k, w, z (z, k kommen bisweilen in Fremdwörtern vor, z.B. *zōna, Kalendae*). Die ihnen entsprechenden Laute werden im Lateinischen durch folgende Zeichen erfasst: i, c, v, c. Das Lautzeichen **i** bezeichnet sowohl den Vokal i (→ L 3) als auch den Konsonanten **j**.

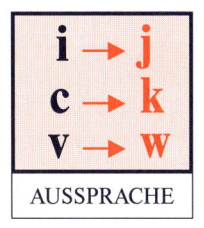

i → j
c → k
v → w
AUSSPRACHE

Die lateinischen Konsonanten werden in **zwei Hauptgruppen** zusammengefasst:

L 6 Verschlusslaute *(Mutae)*

	stimmhaft	stimmlos	behaucht
K-Laute *(Gaumenlaute/Gutturale)*	g, gu	c, qu	ch
P-Laute *(Lippenlaute/Labiale)*	b	p	ph
T-Laute *(Zahnlaute/Dentale)*	d	t	th

Die behauchten Laute findet man in erster Linie in griechischen Fremdwörtern: monar**ch**ia, **ph**iloso**ph**ia, **th**eātrum.

L 7 Dauerlaute

	Nasenlaute *(Nasales)*	Fließlaute *(Liquidae)*	Reibelaute *(Aspiratae)*
K-Laute *(Gaumenlaute/Gutturale)*	ng [ŋ]	–	h (ch)
P-Laute *(Lippenlaute/Labiale)*	m	–	f, v
T-Laute *(Zahnlaute/Dentale)*	n	r, l	s, i [j]

L 8 Sonderfälle der Aussprache

W-Laut: v: vīlla   [*wīlla*]
qu: quam   [*kwam*]
gu: lingua   [*lingwa*]
su: suādēre [*swādēre*]

REGELN

Rechtschreibung

L 9 Die **lateinischen Laute** werden weitgehend wie die deutschen geschrieben. Zu achten ist aber auf den Unterschied zwischen der Schreibweise und Aussprache bei den Lauten *ae, oe, y, c* (für *k*), *i* (für *i* und *j*), *v* (für *w*): → L 4; L 5; L 6; L 7

L 10 Lateinische Wörter werden in der Regel **klein geschrieben** (z. B.: *vīlla, suādēre, lingua*).
Groß geschrieben werden nur Wörter am **Satzanfang** sowie **Eigennamen** (z. B.: *Rōma, Cornēlia, Colossēum*) und deren **Ableitungen** (z. B.: *imperium Rōmānum*).

Silbentrennung

L 11 Die lateinischen Wörter werden wie die deutschen **nach Silben** getrennt (z. B.: *ce-le-ri-tās*).
Zusammengesetzte Wörter trennt man nach ihren **Bestandteilen** (z. B.: *prae-cipitāre, post-eā*).

Folgende **Abweichung vom Deutschen** ist zu beachten:
▶ Die Verbindung von **Muta mit Liquida** (z. B.: *tr, pl, chr*) wird **nicht** getrennt (z. B.: *con-trā, com-plūrēs, pul-chra*).

Betonungsregeln

Die lateinischen Wörter werden auf der **vorletzten** *oder* **drittletzten** Silbe betont. **Ausschlaggebend** für die Betonung ist die **vorletzte** Silbe.

L 12 **Zweisilbige** Wörter werden auf der vorletzten Silbe betont.

L 13 Für Wörter mit **drei** und **noch mehr Silben** gilt folgende Regelung:
1. Ist die **vorletzte Silbe lang**, trägt sie den Ton (z. B.: *nātū́ra*).
2. Ist die **vorletzte Silbe kurz**, erhält die drittletzte den Ton (z. B.: *ártĭbus, muliérĭbus, homínĭbus*).

DREI-SILBEN-GESETZ
BETONUNG

L 14 Eine Silbe ist entweder **von Natur** aus lang (z. B.: *nā-tū-ra*) oder durch **Position**.
1. Wenn **auf einen kurzen Vokal mehrere Konsonanten** folgen, gilt die **Silbe,** zu der dieser Vokal gehört, als lang (*Positionslänge*, z. B.: *ma-gís-tra*).
2. Verbindungen von Muta mit Liquida (→ L 6; L 7) bewirken jedoch keine Positionslänge (z. B.: *ímpetrat*).

L 15 Wenn die Konjunktion **-que** oder die Fragepartikel **-ne** an ein Wort treten, wird in der Regel die **vorhergehende Silbe betont** (z. B.: *pater mātérque; venītísne?*).

Lautregeln der Vokale

In fast allen Sprachen lässt sich verfolgen, dass durch Abwandeln von Lauten *einzelner Wörter* jeweils eine neue *Ausdrucksform* gewonnen werden kann (z. B.: gut – Güte, werden – geworden). Diese Erscheinung nennt man Ablaut; sie findet sich auch im Lateinischen.

L 16 Ablaut

Ablaut ist ein **Wechsel der Vokale des Wortstockes**. Dieser Wechsel erfolgte bereits in sehr früher Zeit. Dabei konnte entweder die SPRECHDAUER (*Quantität*) oder die KLANGFARBE (*Qualität*) verändert werden.

1.	**Quantität:**	Dehnung	iŭvō	iūvī
		Kürzung	foedus (<* *foid*-)	fidēs
			fāma	făteor
		Schwund	es-te	s-unt
2.	**Qualität:**	Vokaländerung (e > o)	necō	nocēo

L 17 Vokalschwächung in Binnensilben

Eine weitere Veränderung kurzer Vokale trat – teilweise unter Einwirkung einer ursprünglichen Anfangsbetonung – ein, indem der Vokal abgeschwächt wurde **(Vokalschwächung):**

a > i	amīcus	> inimīcus
i > e	appellābitur	> appellāberis
u > i	caput	> capitis
u > e	genus	> generis
u > o	corpus	> corporis

L 18 Vokalkürzung – Vokaldehnung

1. **Endsilben** werden (außer vor -s) **gekürzt**:
   animăl (aber: animālis), diĕm (aber: diēs), vidĕt (aber: vidēs).
2. **Langer Vokal** wird vor unmittelbar folgendem Vokal **gekürzt**:
   rĕī (aber: rēs), placĕāmus (aber: placēmus), gaudĕō (aber: gaudēs).
3. **Kurze Vokale** werden im **Partizip Perfekt Passiv** (PPP) **gedehnt**, wenn der Präsens-Stamm auf **-g-** oder **-d-** auslautet:
   rēctum (<* *reg-tum*), aber rĕgere.
4. **Ersatzdehnung** tritt ein, wenn der **auslautende Konsonant** des Wortstocks **ausfällt**:
   mōtus <* *movtus*.

Das Sternchen * weist darauf hin, dass das Wort, vor dem es steht, eine ursprüngliche, nicht mehr vorhandene Erscheinungsform darstellt.

L 19 Kontraktion

Zwei innerhalb eines Wortes **zusammenstoßende Vokale** werden häufig in einen langen Vokal „zusammengezogen" (*kontrahiert*): *cŏ-ăgō* > cōgō; *laudaō* > laudō; deīs > dīs.

a-o > ō

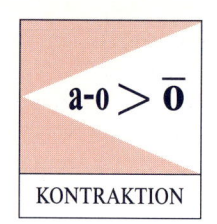

KONTRAKTION

L 20 Vokalentfaltung – Vokalschwund

1. Zur Erleichterung der Aussprache werden zwischen Konsonanten kurze Bindevokale (Hilfsvokale) **eingeschoben**: *agr* > ager; *laudāb-s* > laudābis.
2. Im Wortinnern „**schwindet**" in einigen Fällen der Vokal (*Synkope*): *validē* > valdē.
   Am Wortende **entfällt auslautendes -e** bei manchen Wörtern: *animāle* > *animal (→ L 18.1); neque > *neq > nec.

L 21 Vokaländerung in der Endsilbe

1. Kurzes **-o-** wird vor -s, -m, -nt zu **-u-**: dominus < *dominos. Kurzes **-i** wird zu **-e**: mare < *mari.
2. Im Auslaut wird **-oi** zu **-ī**: dominī < *dominoi, **-ai** wird zu **-ae** oder **-ī**: cūrae < *cūrāi, cūrīs < *curais.

Lautregeln der Konsonanten

Konsonanten werden im Lateinischen nur verändert, wenn dadurch eine Vereinfachung der Aussprache oder Schreibung erreicht wird.

L 22 Rhotazismus

-s- zwischen Vokalen wird zu -r-.

| honōs – honōris | esse – eris, erat | litus – litoris |

L 23 Assimilation

Ein Konsonant wird an den folgenden oder vorausgehenden **angeglichen**. Diese Erscheinung findet sich hauptsächlich in zusammengesetzten Wörtern.

ad-pellō > appellō   con-rigere > corrigere
pot-sum > possum   ad-ferre > afferre

L 24 Annäherung von Konsonanten

Manchmal erfolgt zur leichteren Aussprache nur eine „**Annäherung**" der Konsonanten:

*con-parāre > comparāre   scrībo: *scrīb-si > scrīpsī
augeō: *aug-tum > auctum

L 25 Dissimilation

Wenn zwei gleiche oder ähnliche, kurz aufeinander folgende Konsonanten den Sprachfluss erschweren, wird in der Regel der **erste** (meist zu -r-) **geändert**.

medi-diēs > merīdiēs   *can-men* > carmen

L 26 Konsonantenschwund – Konsonanteneinschub

1. **Auslautende** Konsonantengruppen werden **verkürzt**:

   es-s > es   *ped-s* > *pes-s* > pēs

2. Bei **Konsonantenhäufung** wird oft der **mittlere Konsonant ausgestoßen**:

   sent-sī > sēnsī

3. Zwischen -m- und **folgendem** -s- bzw. -t- wird manchmal ein **Konsonant** zur Erleichterung der Aussprache **eingeschoben**:

   sum-sī > sūmpsī   *em-tum* > ēmptum

   Verbindung von -s- mit Verschlusslauten (Mutae)

L 27 In Verbindung mit folgendem -s werden die **K-Laute** zu -x.

c-s > -x: pāx < *pac-s   g-s > -x: rēx < *reg-s

L 28 In Verbindung mit folgendem -s werden die **T-Laute** zu einem -s.

t-s > -s: pars < *part-s   d-s > -s: pēs < *pes-s < *ped-s

DEKLINATIONEN

Substantive

I₁

	ā-Deklination	o-Deklination			Konsonantische Deklination		
	Freundin	*Freund*	*Feld*	*Geschenk*	*Sieger*	*Legion*	*Geschlecht*
	f	m	m	n	m	f	n
Sg.							
N.	amīca	amīcus	ager	dōnum	victor	legiō	genus
G.	amīcae	amīcī	agrī	dōnī	victōris	legiōnis	generis
D.	amīcae	amīcō	agrō	dōnō	victōrī	legiōnī	generī
Akk.	amīcam	amīcum	agrum	dōnum	victōrem	legiōnem	genus
Abl.	ā/ab amīcā	ā/ab amīcō	agrō	dōnō	ā/ab victōre	legiōne	genere
V.	amīca	amīce	–	–	victor	–	–
Pl.							
N.	amīcae	amīcī	agrī	**dōna**	victōrēs	legiōnēs	genera
G.	amīcārum	amīcōrum	agrōrum	dōnōrum	victōrum	legiōnum	generum
D.	amīcīs	amīcīs	agrīs	dōnīs	victōribus	legiōnibus	generibus
Akk.	amīcās	amīcōs	agrōs	dōna	victōrēs	legiōnēs	genera
Abl.	ā/ab amīcīs	ā/ab amīcīs	agrīs	dōnīs	ā/ab victōribus	legiōnibus	generibus
V.	amīcae	amīcī	–	–	victōrēs	–	–

Adjektive

I₂

	ā- und o-Deklination					
	froh			*rau*		
	m	f	n	m	f	n
Sg.						
N.	laetus	laeta	laetum	asper	aspera	asperum
G.	laetī	laetae	laetī	asperī	asperae	asperī
D.	laetō	laetae	laetō	asperō	asperae	asperō
Akk.	laetum	laetam	laetum	asperum	asperam	asperum
Abl.	laetō	laetā	laetō	asperō	asperā	asperō
V.	laete	laeta	(laetum)	asper	aspera	(asperum)
Pl.						
N./V.	laetī	laetae	laeta	asperī	asperae	aspera
G.	laetōrum	laetārum	laetōrum	asperōrum	asperārum	asperōrum
D.	laetīs	laetīs	laetīs	asperīs	asperīs	asperīs
Akk.	laetōs	laetās	laeta	asperōs	asperās	aspera
Abl.	laetīs	laetīs	laetīs	asperīs	asperīs	asperīs

DEKLINATIONEN

Substantive   I₁

	ĭ-Deklination				u-Deklin.	ē-Deklin.
	reine ĭ-Stämme		Mischdeklination			
	Turm	*Meer*	*Schiff*	*Stadt*	*Beamter*	*Sache*
Sg.						
N./V.	turris	mare	nāvis	urbs	magistrātus	rēs
G.	turris	maris	nāvis	urbis	magistrātūs	rĕī
D.	turrī	marī	nāvī	urbī	magistrātuī	rĕī
Akk.	turrim	mare	nāvem	urbem	magistrātum	rĕm
Abl.	turrī	marī	nāve	urbe	magistrātū	rē
Pl.						
N./V.	turrēs	maria	nāvēs	urbēs	magistrātūs	rēs
G.	turrium	marium	nāvium	urbium	magistrātuum	rērum
D.	turribus	maribus	nāvibus	urbibus	magistrātibus	rēbus
Akk.	turrēs(-īs)	maria	nāvēs	urbēs	magistrātūs	rēs
Abl.	turribus	maribus	nāvibus	urbibus	magistrātibus	rēbus

Adjektive   I₂

	ĭ-Deklination					
	scharf			*gewaltig*		
	m	f	n	m / f		n
Sg.						
N./V.	ācer	ācris	ācre	ingēns		
G.		ācris		ingentis		
D.		ācrī		ingentī		
Akk.	ācrem		ācre	ingentem		ingēns
Abl.		ācrī		ingentī		
Pl.						
N./V.	ācrēs		ācria	ingentēs		ingentia
G.		ācrium		ingentium		
D.		ācribus		ingentibus		
Akk.	ācrēs		ācria	ingentēs		ingentia
Abl.		ācribus		ingentibus		
Be-sonder-heiten	Komparative werden nach der konsonantischen Deklination dekliniert.			Partizip Präsens Aktiv: Abl. Sg. **-e** *(vocante)* [aber adjektivisch: *ārdentī studiō*]		

PRONOMINA
Personal-Pronomina

II₁

nicht reflexiv	reflexiv
ego ich tū du is, ea, id er/sie/es	suī, sibī, sē *seiner, sich*

nicht reflexiv	reflexiv
nōs wir vōs ihr iī (eī), eae, ea } *sie*	suī, sibī, sē *seiner/sich*

Deklinationsschema *ego, tū, nōs, vōs* → 11 G 3.2; *is* → II₃

Possessiv-Pronomina

II₂

meus, -a, -um	*mein*
tuus, -a, -um	*dein*
eius *(nicht refl.)* suus, -a, -um *(refl.)* }	*sein(e) / ihr(e)*

noster, -tra, -trum	*unser*
vester, -tra, -trum	*euer*
eōrum / eārum / eōrum *(nicht refl.)* suus, -a, -um *(refl.)* }	*ihr(e)*

Demonstrativ-Pronomina

II₃

hic, haec, hoc dieser (mein)	ille, illa, illud jener (sein/ihr)	is, ea, id dieser, derjenige	ipse, ipsa, ipsum selbst, selber
hic haec hoc huius huic	ille illa illud illīus illī	is ea id eius eī	ipse ipsa ipsum ipsīus ipsī
hunc hanc hoc hōc hāc hōc	illum illam illud illō illā illō	eum eam id eō eā eō	ipsum ipsam ipsum ipsō ipsā ipsō
hī hae haec hōrum hārum hōrum hīs hōs hās haec hīs	illī illae illa illōrum illārum illōrum illīs illōs illās illa illīs	iī (eī) eae ea eōrum eārum eōrum iīs (eīs) eōs eās ea iīs (eīs)	ipsī ipsae ipsa ipsōrum ipsārum ipsōrum ipsīs ipsōs ipsās ipsa ipsīs

Interrogativ-Pronomina

II₄

	quis? quid? wer? was?	quī, quae, quod? welcher/welche(s)?
	substantivisch	adjektivisch
N.	quis quid	quī quae quod
G.	cuius	cuius
D.	cui	cui
Akk.	quem quid	usw.
Abl.	ā quō quōcum	*wie Relativ-Pron.* → Tab. II₅

Weitere Fragewörter

quālis, -e?	*wie (beschaffen)?*
quantus, -a, -um?	*wie groß?*
cūr?	*warum? weshalb?*
quam?	*wie?*
quot?	*wie viele?*
ubi?	*wo?*

Relativ-Pronomina   II₅

	qui, quae, quod welcher; der		
	m	f	n
Sg.			
N.	quī	quae	quod
G.		cuius	
D.		cui	
Akk.	quem	quam	quod
Abl.	quō	quā	quō
Pl.			
N.	quī	quae	quae
G.	quōrum	quārum	quōrum
D.		quibus	
Akk.	quōs	quās	quae
Abl.		quibus	

Indefinit-Pronomina   II₆

	quīdam, quaedam, quoddam	ein gewisser	
		adjektivisch	
	m	f	n
Sg.			
N.	quīdam	quaedam	**quoddam**
G.		cuiusdam	
D.		cuidam	
Akk.	quendam	quandam	**quoddam**
Abl.	quōdam	quādam	quōdam
Pl.			
N.	quīdam	quaedam	quaedam
G.	quōrundam	quārundam	quōrundam
		usw. (→ Tab. II₅)	

Bei substantivischem Gebrauch lautet der Nominativ/Akkusativ Singular des Neutrums **quiddam**.

KOMPARATION DER ADJEKTIVE
Regelmäßige Komparation

III

Positiv	Komparativ		Superlativ	
longus, -a, -um	long*ior*	long*ius*	long*issimus*, -a, -um	*lang*
fortis, -e	fort*ior*	fort*ius*	fort*issimus*, -a, -um	*tapfer*
prūdēns (prūdent-is)	prūdent*ior*	prūdent*ius*	prūdent*issimus*, -a, -um	*klug*
asper	asper*ior*		asper*rimus*	*rau*
aspera	asper*ior*		asper*rima*	
asperum		asper*ius*	asper*rimum*	
pulch*er*	pulch*rior*		pulch*errimus*	*schön*
pulchra	pulch*rior*		pulch*errima*	
pulchrum		pulch*rius*	pulch*errimum*	
āc*er*	āc*rior*		āc*errimus*	*scharf*
ācris	āc*rior*		āc*errima*	
ācre		āc*rius*	āc*errimum*	

ADVERB
Bildung und Komparation

IV

Adjektiv	Positiv	Komparativ	Superlativ	
longus, -a, -um	long*ē*	long*ius*	long*issimē*	*lang, weit*
fortis, -e	fort*iter*	fort*ius*	fort*issimē*	*tapfer*
prūdēns (prūdent-is)	prūdent*er*	prūdent*ius*	prūdent*issimē*	*klug*
asper, aspera, asperum	asper*ē*	asper*ius*	asper*rimē*	*rau*
pulch*er*, -chra, -chrum	pulch*rē*	pulch*rius*	pulch*errimē*	*schön*
celer, celeris, celere	celer*iter*	celer*ius*	celer*rimē*	*schnell*
āc*er*, ācris, ācre	āc*riter*	āc*rius*	āc*errimē*	*scharf*

KONJUGATIONEN

Präsens-Stamm Aktiv

V₁

	AKTIV	ā-Konjugation	ē-Konjugation	ī-Konjugation (langvokalisch)	ĭ-Konjugation (kurzvokalisch)	Konsonant. Konjugation
	Infinitiv	*rufen* vocā-re	*mahnen* monē-re	*fesseln* vincī-re	*fangen* cápĕ-re	*treiben* péll-ĕ-re
Präsens	Indikativ					
	er ruft	vóco̅ vocā-s vóca-t vocā-mus vocā-tis vóca-nt	móne̅-o̅ mónē-s móne-t monē-mus monē-tis móne-nt	vínci̅-o̅ vínci̅-s vínci-t vincī-mus vincī-tis vínci-*u*nt	cápĭ-o̅ cápĭ-s cápĭ-t cápĭ-mus cápĭ-tis cápĭ-*u*nt	péll-o̅ péll-*i*s péll-*i*t péll-*i*mus péll-*i*tis péll-*u*nt
	Konjunktiv	vóce-m vócē-s vóce-t vocē-mus vocē-tis vóce-nt	móne-am móne-ās móne-at mone-āmus mone-ātis móne-ant	vínci-am vínci-ās vínci-at vinci-āmus vinci-ātis vínci-ant	cápi-am cápi-ās cápi-at capi-āmus capĭ-ātis cápĭ-ant	péll-am péll-ās péll-at pell-āmus pell-ātis péll-ant
Imperfekt	Indikativ					
	er rief	vocā-bam vocā-bās vocā-bat vocā-bāmus vocā-bātis vocā-bant	monē-bam monē-bās monē-bat monē-bāmus monē-bātis monē-bant	vinci-ēbam vinci-ēbās vinci-ēbat vinci-ēbāmus vinci-ēbātis vinci-ēbant	capĭ-ēbam capĭ-ēbās capĭ-ēbat capi-ēbāmus capĭ-ēbātis capĭ-ēbant	pell-ēbam pell-ēbās pell-ēbat pell-ēbāmus pell-ēbātis pell-ēbant
	Konjunktiv					
	(er riefe/ würde rufen)	vocā-rem vocā-rēs vocā-ret vocā-rēmus vocā-rētis vocā-rent	monē-rem monē-rēs monē-ret monē-rēmus monē-rētis monē-rent	vincī-rem vincī-rēs vincī-ret vincī-rēmus vincī-rētis vincī-rent	cápĕ-rem cápĕ-rēs cápĕ-ret capĕ-rēmus capĕ-rētis cápĕ-rent	péll-*e*rem péll-*e*rēs péll-*e*ret péll-*e*rēmus péll-*e*rētis péll-*e*rent
Futur I	*er wird rufen*	vocā-bo̅ vocā-b*i*s vocā-b*i*t vocā-b*i*mus vocā-b*i*tis vocā-b*u*nt	monē-bo̅ monē-b*i*s monē-b*i*t monē-b*i*mus monē-b*i*tis monē-b*u*nt	vínci-am vínci-ēs vinci-et vinci-ēmus vinci-ētis vínci-ent	cápi-am cápi-ēs cápi-et capi-ēmus capĭ-ētis cápi-ent	péll-am péll-ēs péll-et pell-ēmus pell-ētis péll-ent
	Imperativ					
	rufe! *ruft!*	vócā! vocā-te!	mónē! monē-te!	víncī! vincī-te	cápĕ! cápĭ-te!	péll-ĕ! péll-*i*te!

KONJUGATIONEN
Präsens-Stamm Passiv

V_1

	PASSIV	ā-Konjugation	ē-Konjugation	ī-Konjugation (langvokalisch)	ĭ-Konjugation (kurzvokalisch)	Konsonantische Konjugation
	Infinitiv	*gerufen werden* vocā́-rī	*gemahnt werden* monḗ-rī	*gefesselt werden* vincī́-rī	*gefangen werden* cápī	*getrieben werden* péll-ī
Präsens	Indikativ					
	er wird gerufen	vócor vocā́-ris vocā́-tur vocā́-mur vocā́-minī vocā́-ntur	móne-or monḗ-ris monḗ-tur monḗ-mur monḗ-minī monḗ-ntur	víncī-or vincī́-ris vincī́-tur vincī́-mur vincī́-minī vincī-úntur	cápĭ-or cápĕ-ris cápĭ-tur cápĭ-mur capĭ-minī capĭ-úntur	péll-or péll-eris péll-ĭtur péll-ĭmur pell-ĭ́minī pell-úntur
	Konjunktiv					
		vóce-r vocḗ-ris vocḗ-tur vocḗ-mur vocḗ-minī vocḗ-ntur	móne-ar mone-ā́ris mone-ā́tur mone-ā́mur mone-ā́minī mone-ántur	vínci-ar vinci-ā́ris vinci-ā́tur vinci-ā́mur vinci-ā́minī vinci-ántur	cápi-ar capi-ā́ris capi-ā́tur capi-ā́mur capi-ā́minī capi-ántur	péll-ar pell-ā́ris pell-ā́tur pell-ā́mur pell-ā́minī pell-ántur
Imperfekt	Indikativ					
	er wurde gerufen	vocā́-**bar** vocā-**bā́ris** vocā-**bā́tur** vocā-**bā́mur** vocā-**bā́minī** vocā-**bántur**	monḗ-**bar** monē-**bā́ris** monē-**bā́tur** monē-**bā́mur** monē-**bā́minī** monē-**bántur**	vincī-**ḗbar** vincī-**ēbā́ris** vincī-**ēbā́tur** vincī-**ēbā́mur** vincī-**ēbā́minī** vincī-**ēbántur**	capĭ-**ḗbar** capĭ-**ēbā́ris** capĭ-**ēbā́tur** capĭ-**ēbā́mur** capĭ-**ēbā́minī** capĭ-**ēbántur**	pell-**ḗbar** pell-**ēbā́ris** pell-**ēbā́tur** pell-**ēbā́mur** pell-**ēbā́minī** pell-**ēbántur**
	Konjunktiv					
	(er würde gerufen)	vocā́-**rer** vocā-**rḗris** vocā-**rḗtur** vocā-**rḗmur** vocā-**rḗminī** vocā-**réntur**	monḗ-**rer** monē-**rḗris** monē-**rḗtur** monē-**rḗmur** monē-**rḗminī** monē-**réntur**	vincī́-**rer** vincī-**rḗris** vincī-**rḗtur** vincī-**rḗmur** vincī-**rḗminī** vincī-**réntur**	cápĕ-**rer** capĕ-**rḗris** capĕ-**rḗtur** capĕ-**rḗmur** capĕ-**rḗminī** capĕ-**réntur**	péll-**erer** pell-**erḗris** pell-**erḗtur** pell-**erḗmur** pell-**erḗminī** pell-**eréntur**
Futur I	er wird gerufen werden	vocā́-**bor** vocā́-**beris** vocā́-**bĭtur** vocā́-**bĭmur** vocā́-**bĭminī** vocā́-**búntur**	monḗ-**bor** monḗ-**beris** monḗ-**bĭtur** monḗ-**bĭmur** monḗ-**bĭminī** monḗ-**búntur**	víncī-**ar** vincī-**ḗris** vincī-**ḗtur** vincī-**ḗmur** vincī-**ḗminī** vincī-**éntur**	cápi-**ar** capĭ-**ḗris** capĭ-**ḗtur** capĭ-**ḗmur** capĭ-**ḗminī** capĭ-**éntur**	péll-**ar** pell-**ḗris** pell-**ḗtur** pell-**ḗmur** pell-**ḗminī** pell-**éntur**

KONJUGATIONEN

Perfekt, Plusquamperfekt, Futur II Aktiv

V₂

		AKTIV	v-Perfekt	u-Perfekt	s-Perfekt	Dehnung	Reduplikation
Perfekt		Infinitiv	gerufen zu haben vocāv-isse	gemahnt zu haben monu-isse	gefesselt zu haben vīnx-isse	gefangen zu haben cēp-isse	getrieben zu haben pepul-isse
		Indikativ *er hat gerufen*	vocā́v-ī vocāv-istī vocā́v-it vocā́v-imus vocāv-istis vocāv-ērunt	mónu-ī monu-istī mónu-it monú-imus monu-istis monu-ērunt	vīnx-ī vīnx-istī vīnx-it vīnx-imus vīnx-istis vīnx-ērunt	cēp-ī cēp-istī cēp-it cēp-imus cēp-istis cēp-ērunt	pépul-ī pepul-istī pépul-it pepúl-imus pepul-istis pepul-ērunt
		Konjunktiv	vocā́v-erim vocāv-eris vocāv-erit vocāv-érimus vocāv-éritis vocā́v-erint	monú-erim monú-eris monú-erit monu-érimus monu-éritis monú-erint	vīnx-erim vīnx-eris vīnx-erit vīnx-érimus vīnx-éritis vīnx-erint	cēp-erim cēp-eris cēp-erit cēp-érimus cēp-éritis cēp-erint	pepúl-erim pepúl-eris pepúl-erit pepul-érimus pepul-éritis pepúl-erint
Plusquamperfekt		Indikativ *er hatte gerufen*	vocā́v-eram vocā́v-erās vocā́v-erat vocāv-erā́mus vocāv-erā́tis vocā́v-erant	monú-eram monú-erās monú-erat monu-erā́mus monu-erā́tis monú-erant	vīnx-eram vīnx-erās vīnx-erat vīnx-erā́mus vīnx-erā́tis vīnx-erant	cēp-eram cēp-erās cēp-erat cēp-erā́mus cēp-erā́tis cēp-erant	pepúl-eram pepúl-erās pepúl-erat pepul-erā́mus pepul-erā́tis pepúl-erant
		Konjunktiv *(er hätte gerufen)*	vocāv-íssem vocāv-íssēs vocāv-ísset vocāv-issḗmus vocāv-issḗtis vocāv-íssent	monu-íssem monu-íssēs monu-ísset monu-issḗmus monu-issḗtis monu-íssent	vīnx-íssem vīnx-íssēs vīnx-ísset vīnx-issḗmus vīnx-issḗtis vīnx-íssent	cēp-íssem cēp-íssēs cēp-ísset cēp-issḗmus cēp-issḗtis cēp-íssent	pepul-íssem pepul-íssēs pepul-ísset pepul-issḗmus pepul-issḗtis pepul-íssent
Futur II		*er wird gerufen haben*	vocā́v-erō vocā́v-eris vocā́v-erit vocāv-érimus vocāv-éritis vocā́v-erint	monú-erō monú-eris monú-erit monu-érimus monu-éritis monú-erint	vīnx-erō vīnx-eris vīnx-erit vīnx-érimus vīnx-éritis vīnx-erint	cēp-erō cēp-eris cēp-erit cēp-érimus cēp-éritis cēp-erint	pepúl-erō pepúl-eris pepúl-erit pepul-érimus pepul-éritis pepúl-erint

KONJUGATIONEN
Perfekt, Plusquamperfekt, Futur II Passiv

V₂

PASSIV		ā-Konjugation	ē-Konjugation	ī-Konjugation (langvokalisch)	ĭ-Konjugation (kurzvokalisch)	Konsonantische Konjugation
	Infinitiv	gerufen worden zu sein vocātum, -am, -um esse	gemahnt worden zu sein mónitum, -am, -um esse	gefesselt worden zu sein vīnctum, -am, -um esse	gefangen worden zu sein captum, -am, -um esse	getrieben worden zu sein pulsum, -am, -um esse
Perfekt	Indikativ	vocātus, -a, -um { sum, es, est } vocātī, -ae, -a { sumus, estis, sunt }	mónitus, -a, -um { sum, es, est } mónitī, -ae, -a { sumus, estis, sunt }	vīnctus, -a, -um { sum, es, est } vīnctī, -ae, -a { sumus, estis, sunt }	captus, -a, -um { sum, es, est } captī, -ae, -a { sumus, estis, sunt }	pulsus, -a, -um { sum, es, est } pulsī, -ae, -a { sumus, estis, sunt }
	Konjunktiv	vocātus, -a, -um { sim, sīs, sit } vocātī, -ae, -a { sīmus, sītis, sint }	mónitus, -a, -um { sim, sīs, sit } mónitī, -ae, -a { sīmus, sītis, sint }	vīnctus, -a, -um { sim, sīs, sit } vīnctī, -ae, -a { sīmus, sītis, sint }	captus, -a, -um { sim, sīs, sit } captī, -ae, -a { sīmus, sītis, sint }	pulsus, -a, -um { sim, sīs, sit } pulsī, -ae, -a { sīmus, sītis, sint }
Plusquamperfekt	Indikativ	vocātus, -a, -um { eram, erās, erat } vocātī, -ae, -a { erāmus, erātis, erant }	mónitus, -a, -um { eram, erās, erat } mónitī, -ae, -a { erāmus, erātis, erant }	vīnctus, -a, -um { eram, erās, erat } vīnctī, -ae, -a { erāmus, erātis, erant }	captus, -a, -um { eram, erās, erat } captī, -ae, -a { erāmus, erātis, erant }	pulsus, -a, -um { eram, erās, erat } pulsī, -ae, -a { erāmus, erātis, erant }
	Konjunktiv	vocātus, -a, -um { essem, essēs, esset } vocātī, -ae, -a { essēmus, essētis, essent }	mónitus, -a, -um { essem, essēs, esset } mónitī, -ae, -a { essēmus, essētis, essent }	vīnctus, -a, -um { essem, essēs, esset } vīnctī, -ae, -a { essēmus, essētis, essent }	captus, -a, -um { essem, essēs, esset } captī, -ae, -a { essēmus, essētis, essent }	pulsus, -a, -um { essem, essēs, esset } pulsī, -ae, -a { essēmus, essētis, essent }
Futur II		vocātus, -a, -um { erō, eris, erit } vocātī, -ae, -a { erimus, eritis, erunt }	mónitus, -a, -um { erō, eris, erit } mónitī, -ae, -a { erimus, eritis, erunt }	vīnctus, -a, -um { erō, eris, erit } vīnctī, -ae, -a { erimus, eritis, erunt }	captus, -a, -um { erō, eris, erit } captī, -ae, -a { erimus, eritis, erunt }	pulsus, -a, -um { erō, eris, erit } pulsī, -ae, -a { erimus, eritis, erunt }

Nominalformen des Verbs – Infinitive

V₃

Infinitiv		ā-Konju-gation	ē-Konju-gation	ī-Konju-gation	ĭ-Konju-gation	Konsonant. Konjugation
AKTIV	Präsens	vocā-**re**	monē-**re**	vincī-**re**	cápĕ-**re**	péll-ĕ-**re**
	Perfekt	vocāv-**isse**	monu-**isse**	vīnx-**isse**	cēp-**isse**	pepul-**isse**
	Futur	vocātū́rum, -am, -um **esse**	moni*t*ū́rum, -am, -um **esse**	vinctū́rum, -am, -um **esse**	captū́rum, -am, -um **esse**	pulsū́rum, -am, -um **esse**
PASSIV	Präsens	vocā́-**rī**	monē-**rī**	vincī-**rī**	cápī	péll-ī
	Perfekt	vocā́**tum**, -am, -um **esse**	móni**tum**, -am, -um **esse**	vīnc**tum**, -am, -um **esse**	cáp**tum**, -am, -um **esse**	púl**sum**, -am, -um **esse**

Nominalformen des Verbs – Partizipien

V₃

Partizip		ā-Konju-gation	ē-Konju-gation	ī-Konju-gation	ĭ-Konju-gation	Konsonant. Konjugation
AKTIV	Präsens	vocā-**ns**, -ntis	monē-**ns**, -ntis	vinci-ē-**ns**, -ntis	**capi-ē-ns, -ntis**	pell-ē-**ns**, -ntis
	Futur	vocā-**tūrus**, -tūra, -tūrum	moni-**tūrus**, -tūra, -tūrum	vinc-**tūrus**, -tūra, -tūrum	cap-**tūrus**, -tūra, -tūrum	pul-**sūrus**, -sūra, -sūrum
PASSIV	Perfekt	vocā́-**tus**, -ta, -tum	móni-**tus**, -ta, -tum	vīnc-**tus**, -ta, -tum	cap-**tus**, -ta, -tum	pul-**sus**, -sa, -sum

STAMMFORMEN DER VERBEN IN L 1 - 30   VI₁

ā-Konjugation

Perfekt-Bildung mit -v-

1.	**vocō**	vocāvī	vocātum	vocāre	rufen, nennen
	con|vocō	convocāvī	convocātum	convocāre	zusammenrufen, versammeln

Ebenso bilden folgende Verben ihre Stammformen:

2. abundāre *(m. Abl.)* — Überfluss haben, reich sein *(an etw.)*
3. accūsāre — anklagen, beschuldigen
4. aedificāre — bauen, errichten
5. affirmāre — bekräftigen, bestätigen, behaupten
6. agitāre — jagen, treiben
7. amāre — lieben, verliebt sein
8. ambulāre — spazieren gehen
9. appellāre — anreden, nennen, benennen
10. appropinquāre — sich nähern, herankommen
11. cantāre — singen
12. captāre — zu fangen suchen, jagen, fangen
13. certāre — kämpfen, streiten
14. clāmāre — schreien, rufen
15. cōgitāre — denken, bedenken, beabsichtigen
16. conciliāre — gewinnen, (sich) geneigt machen, vermitteln
17. cōnfirmāre — stärken; bekräftigen
18. cūrāre *(m. Akk.)* — versorgen, sorgen *(für etw.)*, sich kümmern *(um etw.)*
19. dēlectāre — erfreuen, Freude machen
20. dēlīberāre — erwägen, überlegen; sich entscheiden, beschließen
21. disputāre — erörtern, diskutieren
22. dōnāre — schenken, beschenken
23. dubitāre — zögern, zweifeln
24. ēducāre — erziehen, aufziehen
25. fugāre — in die Flucht schlagen, vertreiben
26. habitāre — wohnen
27. īgnōrāre — nicht wissen, nicht kennen
28. imperāre — befehlen, herrschen
29. impetrāre — durchsetzen, erreichen
30. intrāre — eintreten, hereinkommen, betreten
31. invītāre — einladen
32. iūdicāre — richten, (be)urteilen,
33. labōrāre — arbeiten, sich anstrengen; leiden
34. laudāre — loben
35. līberāre — befreien
36. mōnstrāre — zeigen
37. mūtāre — ändern, verändern, wechseln, vertauschen
38. nārrāre — erzählen
39. nāvigāre — segeln, *(zur See)* fahren
40. necāre — töten
41. negāre — leugnen, bestreiten; verweigern
42. nōmināre — nennen, benennen
43. nūntiāre — melden, mitteilen
44. obtemperāre — gehorchen
45. occupāre — besetzen, in Besitz nehmen
46. optāre — wünschen
47. ōrāre — bitten, beten
48. **parāre** — bereiten, vorbereiten
   com\|parāre — beschaffen, bereiten, erwerben
49. persevērāre — *(bei etw.)* bleiben, hart bleiben
50. perturbāre — *(völlig)* verwirren, beunruhigen
51. **portāre** — tragen, bringen
   trāns\|portāre — hinüberschaffen, hinüberbringen

52. pōtāre	trinken		62. simulāre	vortäuschen, heucheln	
53. praecipitāre	(kopfüber) stürzen, (sich) hinabstürzen		63. sollicitāre	beunruhigen, aufwiegeln	
54. prīvāre *(m. Abl.)*	befreien *(von etw.)*, berauben		64. **spectāre** ex|spectāre	(an-) schauen, betrachten warten *(auf)*, erwarten	
55. properāre	eilen, sich beeilen		65. spērāre	hoffen, erhoffen, erwarten	
56. **pūgnāre**	kämpfen		66. superāre	übertreffen, überwinden, besiegen	
ex|pūgnāre	erstürmen, erobern		67. temptāre	angreifen; erproben, versuchen	
op|pūgnāre	bestürmen, belagern				
57. putāre	glauben, meinen, halten für		68. vacāre *(m. Abl.)*	frei sein *(von etw.)*, *(etw.)* nicht haben	
58. rēgnāre	König sein, *(als König)* herrschen		69. vexāre	quälen, beunruhigen	
			70. vindicāre	beanspruchen; befreien; bestrafen	
59. rogāre	fragen; bitten				
60. salūtāre	grüßen		71. vītāre	meiden, vermeiden	
61. **servāre**	retten, bewahren		72. vituperāre	tadeln	
ob|servāre	beobachten; einhalten		73. vulnerāre	verwunden	

Perfekt-Bildung durch Dehnung

74. (iuvō	iūvī	iūtum	iuvāre *(m. Akk.)*	unterstützen)
ád|iuvō	adiūvī	adiūtum	adiuvāre *(m. Akk.)*	unterstützen, helfen

Perfekt-Bildung durch Reduplikation

75. **dō**	dedī	datum	dare	geben
circúm|dō	circúmdedī	circúmdatum	circúmdare	umgeben, umzingeln
76. **stō**	stetī	statūrus	stāre	stehen
cōn|stō	cōnstitī	cōnstatūrus	cōnstāre	feststehen, bestehen *(aus)*; kosten
prae|stō	praestitī	praestatūrus	praestāre *(m. Dat.)* *(m. Akk.)*	voranstehen, übertreffen; leisten, erweisen

Impersonalia

77. iuvat	iūvit	–	iuvāre	*es* freut, *es* macht Spaß
78. cōn|stat	cōnstitit	–	cōnstāre	*es* steht fest, *es* ist bekannt
prae|stat	praestitit		praestāre	*es* ist besser

ē-Konjugation

Perfekt-Bildung mit -v-

1. dēleō	dēlēvī	dēlētum	dēlēre	zerstören, vernichten
2. ex|pleō	explēvī	explētum	explēre	ausfüllen, erfüllen
3. fleō	flēvī	flētum	flēre	weinen, beklagen

Perfekt-Bildung mit -u-

4. **arceō**	arcuī	–	arcēre	abhalten, fern halten, abwehren
co|erceō	coercuī	coercitum	coercēre	einschränken, zügeln; strafen
5. careō	caruī	–	carēre *(m. Abl.)*	nicht haben, (einer Sache) entbehren
6. doleō	doluī	–	dolēre *(m. Akk.)*	Schmerz empfinden, bedauern
7. **habeō**	habuī	habitum	habēre	haben, halten, besitzen
ad|hibeō	adhibuī	adhibitum	adhibēre	anwenden, heranziehen, dazunehmen
pro|hibeō	prohibuī	prohibitum	prohibēre	abhalten, hindern; verbieten
dēbeō	dēbuī	dēbitum	dēbēre	müssen; schulden, verdanken
8. horreō	horruī	–	horrēre *(m. Akk.)*	schaudern, sich entsetzen *(vor)*
9. iaceō	iacuī	–	iacēre	daliegen, liegen
10. lateō	latuī	–	latēre	verborgen sein
11. im|mineō	–	–	imminēre	(be)drohen, bevorstehen
12. **moneō**	monuī	monitum	monēre	mahnen, auffordern; erinnern; warnen
ad|moneō	admonuī	admonitum	admonēre	erinnern, ermahnen
13. noceō	nocuī	–	nocēre	schaden
14. **pāreō**	pāruī	–	pārēre	gehorchen
ap|pāreō	appāruī	appāritūrus	appārēre	erscheinen, sich zeigen
15. pateō	patuī	–	patēre	offen stehen; offenbar sein
16. placeō	placuī	placitum	placēre	gefallen
17. studeō	studuī	–	studēre *(m. Dat.)*	sich bemühen *(um)*, wollen; sich bilden
18. stupeō	stupuī	–	stupēre *(m. Akk.)*	staunen *(über)*, stutzen, verblüfft sein
19. taceō	tacuī	–	tacēre	schweigen

20. **terreō**	terruī	territum	terrēre	erschrecken *(trans.)*
dē|terreō	dēterruī	dēterritum	dēterrēre	abschrecken, zurückschrecken
per|terreō	perterruī	perterritum	perterrēre	gewaltig erschrecken, einschüchtern
21. timeō	timuī	-	timēre	*(sich)* fürchten, besorgt sein
22. valeō	valuī	valitūrus	valēre	gesund sein, Einfluss haben
23. doceō	docuī	doctum	docēre *(m. Akk.)*	lehren, unterrichten
24. **teneō**	tenuī	-	tenēre	halten, festhalten,
abs|tineō	abstinuī	-	abstinēre	abhalten; sich fern halten, verzichten *(auf)*
sus|tineō	sustinuī	-	sustinēre	aushalten, ertragen
25. misceō	miscuī	mixtum	miscēre	mischen, verwirren, in Aufruhr versetzen

Impersonalia

26. appāret	appāruit	-	appārēre	*es* ist offensichtlich, *es* ist klar
27. decet	decuit	-	decēre	*es* gehört sich
28. licet	licuit	-	licēre	*es* ist erlaubt, man darf; *es* ist möglich
29. oportet	oportuit	-	oportēre	*es* ist nötig, *es* gehört sich

Perfekt-Bildung mit -s-

30. ārdeō	ārsī	ārsūrus	ārdēre	brennen, glühen
31. augeō	auxī	auctum	augēre	vergrößern, vermehren, fördern
32. iubeō	iussī	iussum	iubēre *(m. Akk.)* *(m. Inf.)*	beauftragen, befehlen; lassen
33. maneō	mānsī	mānsūrus	manēre	bleiben, erwarten
34. **rīdeō**	rīsī	rīsum	rīdēre	lachen, auslachen
ir|rīdeō	irrīsī	irrīsum	irrīdēre	auslachen, verspotten

Perfekt-Bildung durch Dehnung

35. caveō	cāvī	cautum	cavēre *(m. Akk.)*	sich in Acht nehmen *(vor)*, sich hüten *(vor)*
36. faveō	fāvī	fautum	favēre *(m. Dat.)*	gewogen sein, *(jmd.)* begünstigen
37. **moveō**	mōvī	mōtum	movēre	bewegen, beeinflussen; hervorrufen
com|moveō	commōvī	commōtum	commovēre	bewegen, beeindrucken; veranlassen
per|moveō	permōvī	permōtum	permovēre	heftig bewegen
re|moveō	remōvī	remōtum	removēre	entfernen, wegschaffen

38. voveō	vōvī	vōtum	vovēre	geloben, *(feierlich)* versprechen	
39. **sĕdeō**	sēdī	sessum	sedēre	sitzen	
ob|sĭdeō	obsēdī	obsessum	obsidēre	belagern, besetzt halten	
40. **vĭdeō**	vīdī	vīsum	vidēre	sehen	
in|vĭdeō	invīdī	invīsum	invidēre *(m. Dat.)*	beneiden	

Perfekt-Bildung durch Reduplikation

41. **spondeō**	spopondī	spōnsum	spondēre	versprechen, in Aussicht stellen
re|spondeō	respondī	respōnsum	respondēre	antworten, erwidern

ī-Konjugation (langvokalisch) VI_3

Perfekt-Bildung mit -v-

1. audiō	audīvī	audītum	audīre	hören
2. **sciō**	scīvī	scītum	scīre	wissen, verstehen
ne|sciō	nescīvī	nescītum	nescīre	nicht wissen, nicht verstehen

Ebenso bilden folgende Verben der ī-Konjugation ihre Stammformen:

3. custōdīre — bewachen, behüten
4. fīnīre — begrenzen; beenden
5. impedīre — (be)hindern, verhindern
6. pūnīre — bestrafen, rächen
7. sepelīre — begraben, bestatten
 (PPP sepultum)

Perfekt-Bildung mit -u-

8. aperiō	aperuī	apertum	aperīre	öffnen, aufdecken

Perfekt-Bildung mit -s-

9. vinciō	vīnxī	vīnctum	vincīre	binden, fesseln
10. sentiō	sēnsī	sēnsum	sentīre	fühlen, empfinden, merken; meinen

Perfekt-Bildung durch Dehnung

11. **vĕniō**	vēnī	ventum	venīre	kommen
con|vĕniō	convēnī	conventum	convenīre	zusammenkommen, zusammenpassen; zustande kommen, sich ereignen
con|vĕnit	convēnit	–	convenīre	*es* ziemt sich, man soll, *es* passt; man einigt sich
in|vĕniō	invēnī	inventum	invenīre	finden, erfinden

Konsonantische Konjugation

VI₄

Perfekt-Bildung mit -v-

1. capessō	capessīvī	capessītum	capessere	ergreifen, packen
2. lacessō	lacessīvī	lacessītum	lacessere	reizen, herausfordern
3. **petō**	petīvī	petītum	petere	zu erreichen suchen, aufsuchen, angreifen; verlangen, bitten
ex|petō	expetīvī	expetītum	expetere	erstreben, verlangen
re|petō	repetīvī	repetītum	repetere	zurückverlangen; wiederholen
4. quaerō	quaesīvī	quaesītum	quaerere *(m. Akk.)* ex *(m. Abl.)*	suchen, erwerben; jmdn. fragen

Präsenserweiterung mit -n-:

5. (cernō	–	–	cernere	sehen, wahrnehmen, erkennen)
dē|cernō	dēcrēvī	dēcrētum	dēcernere	beschließen
6. sinō	sīvī	situm	sinere	lassen, zulassen
7. spernō	sprēvī	sprētum	spernere	verschmähen, ablehnen

Präsenserweiterung mit -sc-:

8. (nōscō	nōvī	nōtum	nōscere	kennen lernen)
a|gnōscō	agnōvī	agnitum	agnōscere	(wieder)erkennen, anerkennen
co|gnōscō	cognōvī	cognitum	cognōscere	erkennen, bemerken; kennen lernen

Perfekt-Bildung mit -u-

9. cōnsulō	cōnsúluī	cōnsultum	cōnsulere *(m. Akk.)* *(m. Dat.)*	um Rat fragen, beratschlagen *(mit)*; sorgen *(für)*
10. (serō	sérui	sertum	serere	aneinander reihen)
dē|serō	dēséruī	dēsertum	dēserere	verlassen, im Stich lassen
11. gignō	génuī	génitum	gignere	erzeugen, hervorbringen; gebären
12. **pōnō**	pósuī	pósitum	pōnere	setzen, stellen, legen
dis|pōnō	dispósuī	dispósitum	dispōnere	verteilen, ordnen
ex|pōnō	expósuī	expósitum	expōnere	ausstellen, aussetzen; darlegen

Perfekt-Bildung mit -s-

13.	**scrībō**	scrīpsī	scrīptum	scrībere	schreiben, verfassen
	dē|scrībō	dēscrīpsī	dēscrīptum	dēscrībere	abschreiben, beschreiben; bestimmen
14.	carpō	carpsī	carptum	carpere	abreißen, pflücken
15.	**sūmō**	sūmpsī	sūmptum	sūmere	nehmen
	ab|sūmō	absūmpsī	absūmptum	absūmere	verbrauchen, vernichten;
			(Pass.)		umkommen, sterben
16.	contemnō	contempsī	contemptum	contemnere	verachten, missachten
17.	dīcō	dīxī	dictum	dīcere	sagen, sprechen; nennen
18.	**dūcō**	dūxī	ductum	dūcere	führen, ziehen; heiraten;
			(m. dopp. Akk.)		halten für
	ab|dūcō	abdūxī	abductum	abdūcere	wegführen, abbringen
	ad|dūcō	addūxī	adductum	addūcere	heranführen; veranlassen
	dē|dūcō	dēdūxī	dēductum	dēdūcere	hinführen, wegführen
19.	**regō**	rēxī	rēctum	regere	lenken, leiten, beherrschen
	cór|rigō	corrēxī	corrēctum	corrigere	berichtigen, verbessern
20.	**tegō**	tēxī	tēctum	tegere	decken, bedecken
	dé|tegō	dētēxī	dētēctum	dētegere	entdecken, aufdecken
	pró|tegō	prōtēxī	prōtēctum	prōtegere	schützen, beschützen
21.	trahō	trāxī	tractum	trahere	ziehen, schleppen
22.	fingō	finxī	fictum	fingere	formen, bilden; erdichten
23.	flectō	flexī	flexum	flectere	biegen, beugen, wenden
24.	(**struō**	strūxī	strūctum	struere	schichten, bauen, errichten)
	éx|struō	exstrūxī	exstrūctum	exstruere	aufschichten, errichten
25.	vīvō	vīxī	victūrus	vīvere	leben
26.	claudō	clausī	clausum	claudere	schließen, absperren
27.	laedō	laesī	laesum	laedere	verletzen, stoßen
28.	lūdō	lūsī	lūsum	lūdere	spielen, scherzen

29. plaudō	plausī	plausum	plaudere	Beifall klatschen
30. **vādō**	-	-	vādere	gehen, schreiten
ē|vādō	ēvāsī	ēvāsūrus	ēvādere	herausgehen, entrinnen
31. **cēdō**	cessī	cessūrus	cēdere	gehen, weichen; nachgeben
ac|cēdō	accessī	accessūrus	accēdere	heranrücken, herantreten, dazukommen
con|cēdō	concessī	concessum	concēdere	zugestehen, einräumen, erlauben
dis|cēdō	discessī	discessum	discēdere	auseinander gehen, weggehen
32. **mittō**	mīsī	missum	mittere	schicken, gehen lassen; werfen
ā|mittō	āmīsī	āmissum	āmittere	aufgeben, verlieren
com|mittō	commīsī	commissum	committere	zustande bringen; anvertrauen
prō|mittō	prōmīsī	prōmissum	prōmittere	verprechen
33. **premō**	pressī	pressum	premere	drücken, bedrängen
óp|primō	oppressī	oppressum	opprimere	unterdrücken, überfallen, überwältigen

Perfekt-Bildung durch Dehnung

34. **ăgō**	ēgī	āctum	ăgere	treiben, betreiben; handeln, verhandeln
pér|agō	perēgī	perāctum	perăgere	durchführen; verbringen
cōgō	coēgī	coāctum	cōgere	sammeln; zwingen
35. ĕmō	ēmī	ēmptum	ĕmere	nehmen; kaufen
36. lĕgō	lēgī	lēctum	lĕgere	lesen; sammeln
37. cōn|sīdō	cōnsēdī	-	cōnsīdere	sich setzen, sich niederlassen

Präsenserweiterung mit -n-:

38. re|linquō	reliquī	relictum	relinquere	zurücklassen, hinterlassen, verlassen
39. **vincō**	vīcī	victum	vincere	siegen, besiegen

Perfekt-Bildung durch Reduplikation

40. **cadō**	cécidī	cāsūrus	cadere	fallen
óc|cidō	óccidī	occāsūrus	occidere	untergehen; umkommen
ác|cidō	áccidī	-	accidere	sich ereignen, zustoßen

41.	**caedō**	cecīdī	caesum	caedere	fällen, niederhauen; schlagen
	oc|cīdō	occīdī	occīsum	occīdere	niederschlagen, töten
42.	fallō	fefellī	–	fallere	täuschen
43.	parcō	pepercī	parsūrus	parcere *(m. Dat.)*	schonen; sparen
44.	(**dō**	dedī	dătum	dăre	geben)
	con|dō	cóndidī	cónditum	condere	gründen; aufbewahren; bestatten
	dē|dō	dēdidī	dēditum	dēdere	hingeben, ausliefern; widmen
	per|dō	pérdidī	pérditum	perdere	vernichten; verlieren
	prō|dō	prṓdidī	prṓditum	prōdere	preisgeben, verraten; überliefern
	red|dō	réddidī	rédditum	reddere *(m. dopp. Akk.)*	zurückgeben, machen *(zu)*
	trā|dō	trā́didī	trā́ditum	trādere	übergeben, überliefern
	crē|dō	crḗdidī	crḗditum	crēdere	glauben; anvertrauen
45.	**currō**	cucurrī	cursum	currere	laufen, rennen
	ac|currō	accurrī	accursum	accurrere	herbeieilen
46.	(**tendō**	tetendī	tentum	tendere	spannen, strecken)
	con|tendō	contendī	contentum	contendere	sich anstrengen; eilen; kämpfen; behaupten
47.	(**tangō**	tétigī	tāctum	tangere	berühren)
	con|tingō	cóntigī	–	contingere	berühren, erreichen; zuteil werden
48.	pellō	pépulī	pulsum	pellere	treiben, schlagen; vertreiben
49.	tollō	sústulī	sublātum	tollere	emporheben; aufheben, beseitigen

Impersonalia

	con|tingit	cóntigit	–	contingere	*es* gelingt

Präsens-Bildung mit Reduplikation:

50.	re|sistō	réstitī		resistere	Widerstand leisten

Präsenserweiterung mit -sc-:

51.	discō	dídicī	–	discere	lernen
52.	poscō	poposcī	–	poscere	fordern, verlangen

Perfekt-Bildung ohne Veränderung des Präsens-Stammes

53. dē|fendō	dēfendī	dēfēnsum	dēfendere	verteidigen, abwehren
54. (prehendō	prehendī	prehēnsum	prehendere	ergreifen, fassen)
com|prehendō	comprehendī	comprehēnsum	comprehendere	(er)greifen, (er)fassen; begreifen
55. cōn|scendō	cōnscendī	cōnscēnsum	cōnscendere	besteigen
dē|scendō	dēscendī	dēscēnsum	dēscendere	herabsteigen, herabkommen
56. **státuō**	státuī	statūtum	statuere	aufstellen; festsetzen, beschließen
cōn|stítuō	cōnstítuī	cōnstitūtum	cōnstituere	festsetzen, beschließen
57. tríbuō	tríbuī	tribūtum	tribuere	zuteilen, zuweisen
58. solvō	solvī	solūtum	solvere	lösen; befreien; zahlen
59. volvō	volvī	volūtum	volvere	wälzen, rollen

ĭ-Konjugation (kurzvokalisch)

Perfekt-Bildung mit -v-

1. cúpiō	cupívī	cupítum	cupere	begehren, verlangen, wünschen

Perfekt-Bildung mit -u-

2. **rápiō**	rapuī	raptum	rapere	rauben, fortreißen
dī|rípiō	dīripuī	dīreptum	dīripere	plündern, zerstören

Perfekt-Bildung mit -s-

3. cōn|spíciō	cōnspexī	cōnspectum	cōnspicere	erblicken
re|spíciō	respexī	respectum	respicere	zurückschauen, berücksichtigen

Perfekt-Bildung durch Dehnung

4. **cápiō**	cēpī	captum	capere	fassen, ergreifen; erobern
ac|cípiō	accēpī	acceptum	accipere	annehmen, empfangen, vernehmen
dē|cípiō	dēcēpī	dēceptum	decipere	täuschen
re|cípiō	recēpī	receptum	recipere	zurücknehmen; aufnehmen
5. **fáciō**	fēcī	factum	facere	tun, machen, herstellen
cōn|fíciō	cōnfēcī	cōnfectum	cōnficere	vollenden, erledigen

	inter|fíciō	interfēcī	interfectum	interficere	töten
	per|fíciō	perfēcī	perfectum	perficere	durchsetzen, vollenden
6.	**fúgiō**	fūgī	fugitūrus	fugere *(m. Akk.)*	fliehen *(vor)*; meiden
	cōn|fúgiō	cōnfūgī	cōnfugitūrus	cōnfugere	sich flüchten
	ef|fúgiō	effūgī	effugitūrus	effugere *(m. Akk.)*	entfliehen, entkommen
7.	**iáciō**	iēcī	iactum	iacere	werfen, schleudern
	ab|íciō	abiēcī	abiectum	abicere	wegwerfen, herabwerfen
	prō|íciō	prōiēcī	prōiectum	prōicere	hinwerfen, preisgeben
	trā|íciō	trāiēcī	trāiectum	trāicere	übersetzen, überqueren

Perfekt-Bildung durch Reduplikation

8.	páriō	péperī	partum paritūrus	parere	hervorbringen; gebären; erwerben

UNREGELMÄSSIGE VERBEN VII₁

		ESSE			POSSE			IRE		
		Präsens	Imperfekt	Futur I	Präsens	Imperfekt	Futur I	Präsens	Imperfekt	Futur I
Indikativ		s-um es es-t s-umus es-tis s-unt	ér-am ér-ās ér-at er-āmus er-ātis ér-ant	ér-ō ér-is ér-it ér-imus ér-itis ér-unt	pos-sum pot-es pot-est pos-sumus pot-estis pos-sunt	pót-eram pót-erās pót-erat pot-erāmus pót-erātis pót-erant	pót-erō pót-eris pót-erit pot-érimus pot-éritis pót-erunt	e-ō i-s i-t ī-mus ī-tis e-unt	ī-bam ī-bās ī-bat ī-bāmus ī-bātis ī-bant	ī-bō ī-bis ī-bit ī-bimus ī-bitis ī-bunt
Konjunktiv		s-im s-īs s-it s-īmus s-ītis s-int	és-sem és-sēs és-set es-sēmus es-sētis és-sent	**Imperativ** es! es-te! **Part. Fut.** futūrus, -a, -um	possim possīs possit possímus possītis possint	possem possēs posset possēmus possētis possent		e-am e-ās e-at e-āmus e-ātis e-ant **Part. Präs.** i-ēns e-untis	ī-rem ī-rēs ī-ret ī-rēmus ī-rētis ī-rent	**Imperativ** ī! ī-te! **Part. Fut. A.** itūrus, -a, -um

Perfekt

fu-ī

Perfekt

potu-ī

Perfekt

i-ī

KOMPOSITA VON ESSE

VII₂

ab|sum	āfuī	āfutūrus	abesse	abwesend/entfernt sein, fehlen
ad|sum	affuī	affutūrus	adesse	anwesend sein, beistehen
dē|sum	dēfuī	–	deesse	fehlen, mangeln
super|sum	superfuī	–	superesse	übrig sein, überleben

KOMPOSITA VON IRE

VII₃

eō	iī	itum	īre	gehen
ab|eō	abiī	abitum	abīre	weggehen, abtreten
ad|eō	adiī	aditum	adīre	herangehen, aufsuchen; angreifen
ex|eō	exiī	exitum	exīre	hinausgehen, ausrücken
in|eō	iniī	initum	inīre	hineingehen; beginnen
ob|eō	obiī	obitum	obīre	entgegengehen, besuchen; sterben
red|eō	rediī	reditum	redīre	zurückgehen, zurückkehren
sub|eō	subiī	subitum	subīre	herangehen, auf sich nehmen
trāns|eō	trānsiī	trānsitum	trānsīre	hinübergehen, überschreiten

VERBA DEFECTIVA (ANOMALA)

VII₄

Bei den Verba defectiva ist nur ein Teil der bildbaren Verbformen gebräuchlich.

1. Nur im Perfekt-Stamm werden verwendet:

meminī	meminisse	sich erinnern, denken an	
ōdī	ōdisse	hassen	
nōvī	nōvisse	kennen, wissen	Präsens-Stamm: *nōsc-*

2. Nur in wenigen Formen kommen vor:

Präsens	**Perfekt**
ait; āiunt	ait
er/sie/es sagt; sie sagen	er/sie/es sagte
inquit	inquit
er/sie/es sagt	er/sie/es sagte

3. Grußformeln:

Salvē!	Sei gegrüßt!	Valē!	Lebe wohl!
Salvēte!	Seid gegrüßt!	Valēte!	Lebt wohl!
Avē	Sei gegrüßt!		

PRÄPOSITIONEN   VIII

Präposition	örtlich	zeitlich	übertragen
1. Präpositionen mit Akkusativ			
ad	zu, an, bei; zu ... hin	bis zu	zu
adversus	gegen, gegenüber	–	gegen, gegenüber
ante	vor	vor	–
apud	bei, in der Nähe (von)	–	–
intrā	innerhalb	binnen	
contrā	–	–	gegen
inter	zwischen, unter	während	–
per	durch ... hindurch, über ... hin	–	durch
post	nach, hinter	nach	nach
praeter	an ... vorbei		außer
propter	–	–	wegen
trāns	über (... hinüber) jenseits	–	–
2. Präpositionen mit Ablativ			
ā / ab	von ... her	von ... an, seit	von (→ *Passiv*)
dē	von ... herab	–	von, über
ē / ex	aus, von ... aus	von ... an	–
sine	–	–	ohne
prō	vor	–	für, anstelle von
cum	mit	–	(zusammen) mit
3. Präpositionen mit Akkusativ oder Ablativ			
in *(m. Akk.)*	in (... hinein), nach, auf *(Frage: wohin?)*	–	gegen
in *(m. Abl.)*	in, an, auf *(Frage: wo?)*	in	
sub *(m. Akk.)*	unter (... hin) *(Frage: wohin?)*	–	–
sub *(m. Abl.)*	unter *(Frage: wo?)*	–	–

GLIEDSATZARTEN UND KONJUNKTIONEN (unterordnend) IX

Adverbialsätze

Konjunktion	Indikativ	Konjunktiv
1. Temporalsätze		
cum	(immer) wenn, als als, als plötzlich	als, nachdem
dum	während *(m. Präs.)*	solange; wenn nur
dōnec	solange, (solange) bis	
postquam	nachdem, als *(m. Perf.)*	
priusquam	bevor, ehe *(nach Neg.)*, bevor nicht	
ubī	sobald *(m. Perf.)*	
ut *(primum)*	sobald, sowie	
2. Kausalsätze		
quod	weil	
cum		da, weil
3. Finalsätze		
ut		damit, um … zu
nē		damit nicht, um nicht zu
4. Konsekutivsätze		
ut		(so)dass
ut nōn		(so)dass nicht
5. Kondizionalsätze		
sī	wenn, falls *(real)*	wenn, falls *(irreal)*
nisī	wenn nicht *(real)*, außer	wenn nicht *(irreal)*
sīn *(autem)*	wenn aber *(real)*	wenn aber *(irreal)*
6. Konzessivsätze		
quamquam	obwohl, obgleich	
etiamsī	wenn auch, selbst wenn	
7. Komparativsätze		
ut	wie	

Subjekt- / Objektsätze

8. Abhängige Fragesätze	Indikativ	Konjunktiv
Frage-Pronomina z. B. **quis, quid**		welcher/ wer; was
Frage-Adverbien z. B. **ubī; quam**		wo; wie
9. Abhängige Begehrsätze		
ut		dass
nē		dass nicht

Attributsätze

10. Relativsätze	Indikativ	Konjunktiv
Relativ-Pronomina z. B. **quī, quae, quod**	der, die, das welcher, welche, welches wer, was	

KONJUNKTIONEN (beiordnend)   X

Anreihende Konjunktionen		
atque / ac **et** **-que**	und, und auch und, auch und	*eng verbindend*
etiam **quoque** *(nachgestellt)* **neque / nec** **nēve**	auch, sogar auch und nicht, auch nicht, aber nicht und (dass/damit) nicht	*steigernd*
et ... et **neque ... neque (nec ... nec)** **nē ... quidem**	sowohl ... als auch weder ... noch nicht einmal, auch nicht	
Entgegensetzende Konjunktionen		
at **sed** **autem** *(nachgestellt)* **tamen** **cēterum**	aber, jedoch aber; sondern aber, jedoch dennoch, doch, trotzdem übrigens, im Übrigen	*stark entgegensetzend* *schwach entgegensetzend*
Ausschließende Konjunktionen		
aut **aut ... aut**	oder entweder ... oder	*stark trennend* *ausschließend*
Folgernde Konjunktionen		
itaque **igitur** *(nachgestellt)*	daher, deshalb also, folglich, daher	
Begründende Konjunktionen		
nam *(vorausgestellt)* **enim** *(nachgestellt)*	denn, nämlich nämlich, denn	

SYNTAKTISCHE FUNKTIONEN UND FÜLLUNGSARTEN   XI

Die einzelnen syntaktischen Erscheinungen erfüllen im Satz verschiedene **Funktionen**; sie können also im Baugerüst des Satzes verschiedene Positionen einnehmen. Umgekehrt lässt sich sagen: Die einzelnen Positionen des Satzes können von verschiedenartigen syntaktischen Erscheinungen „aus**gefüllt**" sein (**Füllungs**arten).
Nachfolgend werden alle wichtigen syntaktischen Erscheinungen der lateinischen Sprache, soweit sie bisher behandelt worden sind, im Schema des **Satzmodells** übersichtlich zusammengestellt:

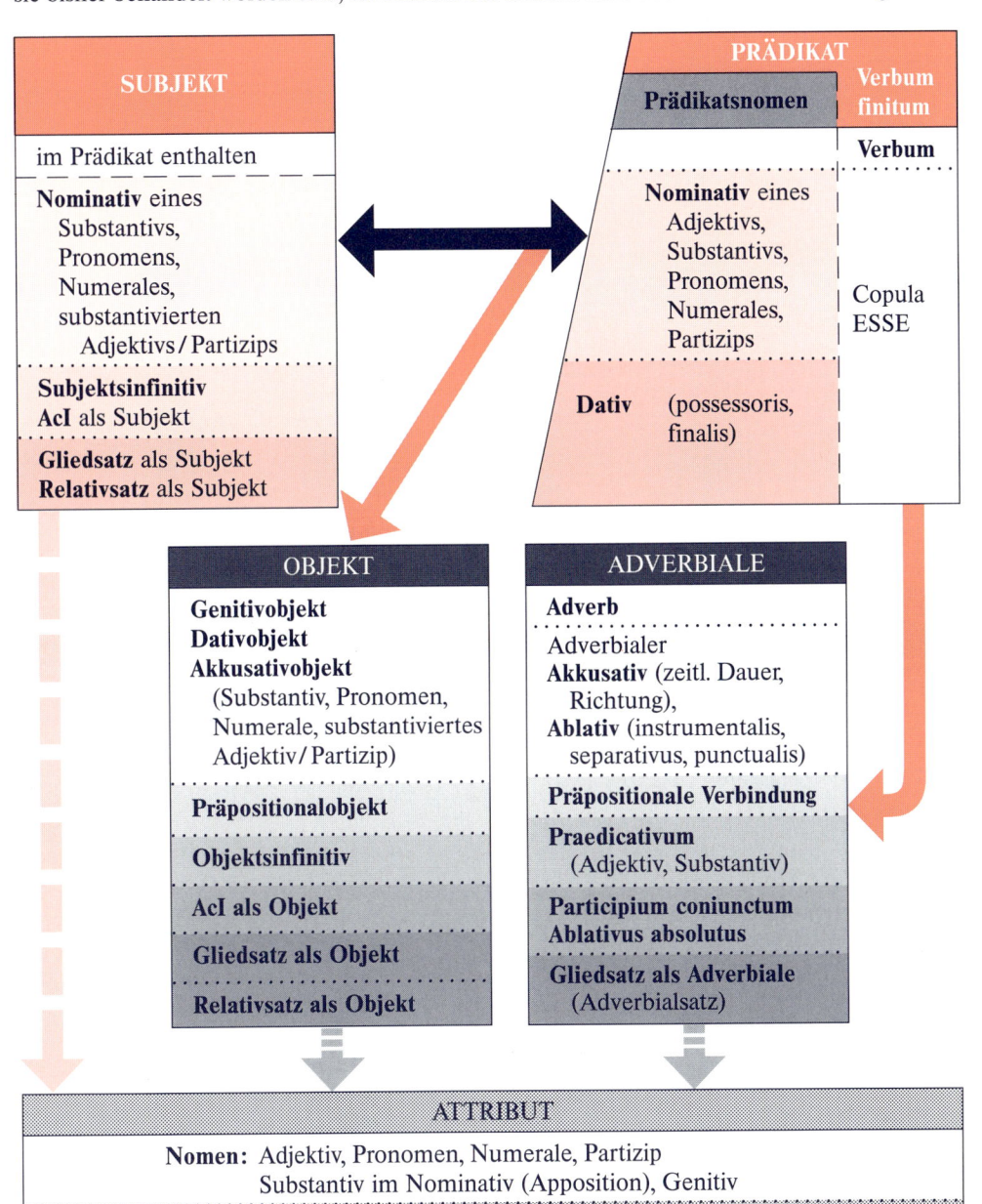

SUBJEKT

- im Prädikat enthalten
- **Nominativ** eines
  - Substantivs,
  - Pronomens,
  - Numerales,
  - substantivierten Adjektivs / Partizips
- **Subjektsinfinitiv**
- **AcI** als Subjekt
- **Gliedsatz** als Subjekt
- **Relativsatz** als Subjekt

PRÄDIKAT

Prädikatsnomen | **Verbum finitum**

- **Verbum**
- **Nominativ** eines
  - Adjektivs,
  - Substantivs,
  - Pronomens,
  - Numerales,
  - Partizips
- **Dativ** (possessoris, finalis)

Copula ESSE

OBJEKT

- **Genitivobjekt**
- **Dativobjekt**
- **Akkusativobjekt**
  (Substantiv, Pronomen, Numerale, substantiviertes Adjektiv / Partizip)
- **Präpositionalobjekt**
- **Objektsinfinitiv**
- **AcI** als Objekt
- **Gliedsatz** als Objekt
- **Relativsatz** als Objekt

ADVERBIALE

- **Adverb**
- Adverbialer
  - **Akkusativ** (zeitl. Dauer, Richtung),
  - **Ablativ** (instrumentalis, separativus, punctualis)
- **Präpositionale Verbindung**
- **Praedicativum** (Adjektiv, Substantiv)
- **Participium coniunctum**
- **Ablativus absolutus**
- **Gliedsatz** als Adverbiale (Adverbialsatz)

ATTRIBUT

- **Nomen:** Adjektiv, Pronomen, Numerale, Partizip
  Substantiv im Nominativ (Apposition), Genitiv
- **Relativsatz** als Attribut (Attributsatz)

SACHVERZEICHNIS

Ablativ 5 G 1; 6 G 2
  Grundfunktionen 5 G 1.3
  in präpositionaler Verbindung 5 G 1.3/4; 5 G 2;
    Tab. VIII$_{2/3}$
  ohne Präposition 6 G 2
  als Adverbiale 5 G 1.4
  als Objekt 5 G 1.4
  mit Partizip/Ablativus
    absolutus 29 G 1/2
      Nominale Wendungen 30 G 1
      Übersetzungsweisen 30 G 2.2/3; 29 G 3
      Unterschied zum Part. coni. 29 G 1.1; 30 G 2
  Grundfunktionen 5 G 1.3
  Sinnrichtungen: 6 G 2
    der Art und Weise (modi) 6 G 2.2
    des Grundes (causae) 6 G 2.2
    des Maßes/Unterschiedes (mensurae/discriminis)
      18 G 3.2
    des Mittels (instrumentalis) 6 G 2.1; 13 G 1.2
    des Ortes (loci: Punctualis 5 G 1.3) 6 G 2.2
    des Ausgangspunktes 6 G 2.2
    der Trennung (separativus) 6 G 2.2
    des Urhebers (auctoris) 13 G 1.3
    der Zeit (temporis: Punctualis 5 G 1.3) 6 G 2.2;
      18 G 3.1
Ablaut L 16
Absichtssätze → Finalsätze
AcI (Accusativus cum Infinitivo)
  Konstruktion 15 G 1.1
  Funktion 15 G 1.2
  Prädikatsnomen im 15 G 2.1
  Reflexiv-Pronomen im 15 G 2.2
  Zeitverhältnis 15 G 1.3; 27 G 2.2/G 3
Adjektiv *Tab.* I$_2$
  ā-/o-Deklination 2 G 3; 4 G 1.2; 8 G 2.2
  ĭ-Deklination 18 G 1
  als Attribut 2 G 3.1; 4 G 3.2; 11 G 1.3; 15 G 2.1
  als Praedicativum 2 G 3.3
  als Prädikatsnomen 2 G 3.2
adjektivische Verwendung
  → Indefinit-Pronomen
  Interrogativ-Pronomen 20 G 1
Adverb *Tab.* IV
  Bildung 21 G 2.1
  Komparation 26 G 2.3; *Tab.* IV
  Funktion 21 G 2.2
Adverbiale S 6/7; 1 G 3/4; 2 G 3.3; 4 G 3; 5 G 1.4;
  13 G 2.1; 21 G 2.2; 22 G 2.3; 24 G 2; 27 G 1.3; 28 G 2.2;
  29 G 1/2
Adverbialsätze 10 G 3; 22 G 2.3; *Tab.* IX$_{1-7}$; XI
Akkusativ 4 G 1
  Bildung in der ā-/o-/Konsonant. Deklination 4 G 1/2
    beim Neutrum 4 G 1.2
  als Adverbiale 4 G 3
  als Objekt 4 G 2
  Sinnrichtungen:
    der zeitlichen Dauer 4 G 3.1
    der Richtung 4 G 3.2
    mit Infinitiv → AcI
  in präpositionaler Verbindung 5 G 2; *Tab.* VIII$_{1/3}$
Aktiv 6 G 1; 13 G 1
  Indikativ Präsens 3 G 1.2; 17 G 1.1
  Futur I 16 G 1; 17 G 1.1
  Futur II 28 G 1.1
  Indikativ Imperfekt 9 G 1; 17 G 1.1
  Indikativ Perfekt 9 G 2; 10 G 1; 17 G 1.1
  Indikativ Plusquamperfekt 14 G 3.1
  Umwandlung von Passiv in 29 G 3

Assimilation 7 G 1; L 23
Attribut S 8; 2 G 3.1; 8 G 1.3/3.1; 12 G 1.3; 13 G 2.2;
  28 G 2.3
Attributsätze 12 G 1.3; *Tab.* IX$_{10}$
Ausgang 4 G 1.2/3; 5 G 1.1; 8 G 1.1; 11 G 1.1; 14 G 1.1;
  16 G 2; 19 G 1.1; 25 G 1.1
Aussageweise → Modus
Aussprache L 1 – L 8

Bedeutungsfelder 6 T
Bedingungssätze → Konditionalsätze
Befehl → Imperativ
Begehrsätze
  abhängige 22 G 2.2; *Tab.* IX$_9$
  unabhängige 22 G 2.1
Beiordnung 3 G 3; 13 G 2.1; 28 G 2.2; 30 G 2.3
Beschreibung 24 T
Bestimmungsstücke
  des Verbs 6 G 1
  des Substantivs 2 G 2
Betonung L 12 – L 15
Beziehungswort
  beim Adjektiv 2 G 3.2
  beim Partizip 13 G 2.1; 29 G 1.1
  beim Relativsatz 12 G 1.1
Bildungselement
  beim Adverb 21 G 2.1
  beim Komparativ 26 G 2.1
  beim Partizip Futur Aktiv 27 G 1.1
  beim Partizip Perfekt Passiv 13 G 1.1; 17 G 1.2
  beim Partizip Präsens Aktiv 28 G 2.1
  beim Perfekt-Aktiv-Stamm 9 G 2.1
  beim Superlativ 26 G 2.1
Bindevokal 2 G 1.2/3; G 1.3/G 2.1; 4 G 1.2; 5 G 1.1;
  11 G 1.1; 16 G 1.1; 17 G 1.1; L 20.1
Brief 23 T

Copula 2 G 3.2; 13 G 1.2; 27 G 1.2
CUM
  Präposition 5 G 1; *Tab.* VIII$_2$
  Subjunktion → Konjunktion *Tab.* IX$_{1/2}$

Dativ 11 G 1
  als Adverbiale 24 G 2
  als Objekt 11 G 1.3
  als Prädikatsnomen 17 G 2.2
  Sinnrichtungen:
    des Besitzers (possessoris) 17 G 2
    des Zwecks (finalis) 24 G 2
Dehnung 10 G 1.2; 17 G 1.2; L 16
Deklination *Tab.* I$_{1/2}$
  ā-Deklination 4 G 1.2; 5 G 1.2; 8 G 1.2; 11 G 1.2
  o-Deklination 4 G 1.2; 5 G 1.2; 8 G 1.2; 11 G 1.2
  ē-Deklination 25 G 1
  Konsonantische Deklination 4 G 1.2; 5 G 1.2; 8 G 1.2;
    10 G 2; 11 G 1.2; 13 G 3
  ĭ-Deklination 14 G 1; 18 G 1 (Adjektive)
  Mischdeklination 16 G 2
  u-Deklination 19 G 1
  des Adjektivs → dort
  des Komparativs 26 G 2.1
  des Partizips → dort
  der Pronomina → dort
  des Superlativs 26 G 2.1
  der Zahlwörter → Grundzahlen
Demonstrativ-Pronomen *Tab.* II$_3$
  HIC, HAEC, HOC 20 G 2
  ILLE, ILLA, ILLUD 16 G 3

IPSE, IPSA, IPSUM 14 G 2
IS, EA, ID 12 G 3

Dialog 21 T
Diathese → Genus verbi
DONEC *Tab.* IX₁
DUM *Tab.* IX₁

Elativ 26 G 2.2
Endung
  Nomen 4 G 1; 5 G 1.1; 8 G 1.1; 10 G 2; 11 G 1.1;
    13 G 3; 14 G 1.1/2; 19 G 1.1; 25 G 1.1
  Verbum 2 G 1.2; 3 G 2.1; 9 G 1.1; 9 G 2.1/3; 14 G 3.1;
    16 G 1.1; 17 G 1.2; 21 G 1.2; 22 G 1.2; 26 G 1.1; 28 G 1.1
Ersatzdehnung L 18
Erweiterungsvokal 9 G 1.1
Erzählung 15 T
ESSE *Tab.* VII₁
  beim Dativus finalis 24 G 2
  beim Dativus possessoris 17 G 2
  Komposita *Tab.* VII₂

Fall → Kasus
Femininum 1 G 2.3
Finalsätze (Absichtssätze) 22 G 2.2; *Tab.* IX₃
finale Sinnrichtung
  beim Partizip Futur 27 G 1.3
Folgesätze → Konsekutivsätze
FORE 27 G 2.1
Frage-Adverb → Interrogativ-Adverb
Fragepartikel → Interrogativ-Partikel
Frage-Pronomen → Interrogativ-Pronomen
Fragesätze
  abhängige 22 G 2.2; *Tab.* IX₈
  unabhängige 7 G 2
Fragewort 7 G 2; *Tab.* II₄
Füllungsarten *Tab.* XI
Funktionen *Tab.* XI
  syntaktische S 2
  semantische → Sinnrichtung
Futur I
  Aktiv 16 G 1.1/2; 17 G 1.1
  Passiv 21 G 1.4
  ESSE 16 G 1.3
  Verwendung 16 G 1.4
Futur II 28 G 1
  in Gliedsätzen 28 G 1.3

Gegenwart → Präsens
Genitiv 8 G 1
  als Attribut 8 G 1.3
  als Objekt 8 G 1.3
  Sinnrichtungen:
  der Teilung (partitivus) 19 G 2
  zur Angabe des „Objekts" (obiectivus) 24 G 1
  zur Angabe des „Subjekts" (subiectivus) 24 G 1
Genus 1 G 2.3; 2 G 2
Genus verbi 6 G 1
Gespräch 21 T
Gleichzeitigkeit → Infinitiv, Partizip;
  → Zeitenfolge
Gliedsätze *Tab.* IX
  Begriff 6 G 3.2
  Funktionen *Tab.* IX; XI
  Adverbialsätze → dort
  Attributsätze → dort
  indikativische 6 G 3.2; 10 G 3
  konjunktivische 22 G 2.3
  Satzgefüge 6 G 3.2
  Subjekt-/Objektsätze 22 G 2.3; *Tab.* XI
Groß- und Kleinschreibung L 10
Grundzahlen 18 G 2

Hauptsatz 3 G 3; 6 G 3.1; 22 G 2.1
Hilfsvokal 8 G 2.1/2; 18 G 1.2; L 20
Hortativ 22 G 2.1

Imperativ I 6 G 1
  verneint → Prohibitiv
Imperfekt 9 G 1; 14 T
  Konjunktiv 23 G 1/2
  Verwendung 9 G 3; 14 T
Indikativ 3 G 1.2; 6 G 1; 22 G 1
Indefinit-Pronomen *Tab.* II₆
  QUIDAM 24 G 3
Infinitiv *Tab.* V₃
  Futur Aktiv 27 G 2
  Präsens Aktiv 3 G 2
  Präsens Passiv 21 G 1.2
  Perfekt Aktiv/Passiv 15 G 1.1
  als Objekt 3 G 2.3
  als Subjekt 3 G 2.3
  im AcI 15 G 1; 27 G 2.1/2
  Zeitverhältnisse:
  Infinitiv der Gleichzeitigkeit 15 G 1.3; 27 G 3
  Infinitiv der Vorzeitigkeit 15 G 1.3; 27 G 3
  Infinitiv der Nachzeitigkeit 27 G 2.2; 27 G 3
Infinite Formen → Nominalformen des Verbs
Instrumentalis → Ablativ
Interrogativ-Adverb 7 G 2
Interrogativ-Partikeln 7 G 2.2
Interrogativ-Pronomina 7 G 2.1; 11 G 2; 20 G 1; *Tab.* II₄
Interrogativsätze → Fragesätze
IRE 25 G 3; 26 G 1; *Tab.* VII₁
  Komposita *Tab.* VII₃
Irrealis
  im Kondizionalsatz 23 G 2.2

Jussiv 22 G 2.1

Kasus 2 G 2
Kasus-Zeichen 4 G 1.1
kausale Sinnrichtung
  des Part. coni./Abl. abs. 13 G 2.1; 27 G 1.3; 28 G 2.2;
  30 G 2
Kausalsätze 22 G 2.2; *Tab.* IX₂
Kennvokal 2 G 1.2; 4 G 1.2; 5 G 1.1; 14 G 1.1; 19 G 1.1;
  25 G 1.1; 26 G 2
Kohärenz 1 T, 3 T
Komparation *Tab.* III
  Komparativ 26 G 2.1
  Komparativ-Stamm 26 G 2.1
    Bedeutungen 26 G 2.2
  Superlativ 26 G 2.1
    Bedeutungen 26 G 2.2
  des Adverbs 26 G 2.3 *Tab.* IV
Komparativsätze 26 G 2; *Tab.* IX₇
Komposita von ESSE: *Tab.* VII₂
Komposita von IRE: *Tab.* VII₃
Kondizionalsätze 23 G 2.2; 28 G 1.3; *Tab.* IX₅
kondizionale Sinnrichtung
  des Part. coni./Abl. abs. 30 G 2
Kongruenz 2 G 3.1/2
  des adverbial gebrauchten Partizips 13 G 2.1; 27 G 1.3;
    28 G 2.2; 29 G 1.1; 29 G 2
  des attributiven Adjektivs 2 G 3.1
  des attributiven Partizips 2 G 3.2; 28 G 2.3
  des Infinitiv Futur Aktiv 27 G 2.1
  des Infinitiv Perfekt Passiv 15 G 2.1
  des Prädikats 1 G 2.1; 2 G 3.1
  des Prädikatsnomens 2 G 3.2; 15 G 2.1
  des Praedicativums 2 G 3.3
  im Relativsatz 12 G 1.1
  im AcI 15 G 2.1; 27 G 2.1
Konjugation *Tab.* V₁₋₂; VII₁
  Begriff Einführung (Wort) 2 G 1.3; 3 G 1.2

173

ā-Konjugation   2 G 1.3; 3 G 1.3
ē-Konjugation   2 G 1.3; 3 G 1.3
ī-Konjugation   2 G 1.3; 3 G 1.3
i-Konjugation   17 G 1/2
Konsonantische Konjugation   2 G 1.3; 3 G 1.3
  ESSE   → dort; *Tab.* VII$_1$
  IRE   → dort; *Tab.* VII$_1$
  POSSE   → dort; *Tab.* VII$_1$
Konjunktionen (beiordnend)   3 G 3; *Tab.* X
  unterordnende (Subjunktionen)   3 G 3; *Tab.* IX
Konjunktiv   22; 22 G 2
  Präsens   22 G 1.1
  Perfekt   22 G 1.2
  Imperfekt   23 G 1.1
  Plusquamperfekt   23 G 1.2
  ESSE   22 G 1.1/2; 23 G 1.2
  IRE   25 G 3.2; 26 G 1.2
  in Gliedsätzen:
    der Gleichzeitigkeit   22 G 2.2; 23 G 3.1
    der Vorzeitigkeit   22 G 2.2; 23 G 3.2
    Irrealis   → Konditionalsätze
  in Hauptsätzen:
    Hortativ   22 G 2.1
    Jussiv   22 G 2.1
    Optativ   22 G 2.1
    Prohibitiv   22 G 2.1
Konnektoren   3 T
Konsekutivsätze   22 G 2.2; *Tab.* IX$_4$
Konsonantische Deklination   → Deklination
Konsonantische Konjugation   → Konjugation
Konzessivsätze   *Tab.* IX$_6$
konzessive Sinnrichtung
  des Part. coni./Abl. abs.   13 G 2.1; 27 G 1.3; 28 G 2.2; 30 G 2
krypto-aktiv   29 G 3

Leitwörter   1 T
Lokativ   6 G 2.2

Maskulinum   1 G 2.3; 2 G 2; 8 G 2.1
MEMINISSE   25 G 2
Mischdeklination   16 G 2
modale Sinnrichtung
  des Part. coni./Abl. abs.   28 G 2.2; 30 G 2
Modus   6 G 1; 22 G 1
  Modus-Zeichen   22 G 1.1; 22 G 1.2; 23 G 1.1; 23 G 1.2

Nachzeitigkeit   → Zeitenfolge
  des Infinitivs   27 G 2.2
  des Partizips   27 G 1.3
narratives Perfekt   9 G 3.1
NE (Konjunktion)   22 G 2.2; *Tab.* IX$_{3/9}$
Negation
  NON Einführung (Wort)   1 G 1.2
  NE   22 G 2.1
Neutrum   1 G 2.3; 4 G 1.3; 13 G 3; 14 G 1
Nomen Einführung (Wort)   S 3
Nominalformen des Verbs   *Tab.* V$_3$
Nominativ
  als Subjekt   1 G 2; 1 G 4; 2 G 2
NOVISSE   25 G 2
Numerale   → Zahlwörter
Numerus   2 G 2; 6 G 1

Objekt   S 6; 4 G 2; 5 G 1.4; 8 G 1.3; 11 G 1.3
  Infinitiv als Objekt   3 G 2.3; *Tab.* XI
  AcI als Objekt   15 G 1.2; *Tab.* XI
Objektsatz   22 G 2.3; *Tab.* IX$_{8/9}$; *Tab.* XI
Objektsinfinitiv   3 G 2.3; *Tab.* XI
ODISSE   25 G 2
Optativ   22 G 2.1
Ortsangaben   5 G 1.3; 5 G 2; 6 G 2.2

Partizip
  Bildung:
    Futur Aktiv   27 G 1 (auch ESSE, IRE)
    Präsens Aktiv   28 G 2.1 (auch IRE)
    Perfekt Passiv   13 G 1.1; 17 G 1.2
  Verwendung:
    im Ablativus absolutus   29 G 1/2; 30 G 2
    Unterschied zum Participium coniunctum   29 G 1.1; 30 G 2.1/2
    als Adverbiale (Participium coniunctum)   13 G 2; 27 G 1.3; 28 G 2.2; 30 G 2.3
    als Attribut   13 G 2.2; 28 G 2.3
    geschlossene Wortstellung   13 G 2.3
    als Prädikatsnomen   13 G 1.2; 27 G 1.2
    Participium coniunctum   13 G 2; 27 G 1.3; 28 G 2.2
    Sinnrichtungen: 13 G 2.1; 28 G 2.2; 30 G 2.3
  Zeitverhältnisse:
    Partizip der Gleichzeitigkeit   28 G 2.2; 29 G 1.2
    Partizip der Vorzeitigkeit   13 G 2; 29 G 2.2
    Partizip der Nachzeitigkeit   27 G 1.3
Passiv   6 G 1; 13 G 1
  Futur I   21 G 1.4
  Futur II   28 G 1.1
  Indikativ Imperfekt   21 G 1.3
  Konjunktiv Imperfekt   23 G 1.1
  Indikativ Perfekt   13 G 1.2
  Konjunktiv Perfekt   22 G 1.2
  Indikativ Plusquamperfekt   14 G 3.2
  Konjunktiv Plusquamperfekt   23 G 1.2
  PPP für Aktiv   29 G 3
  Indikativ Präsens   21 G 1.1
  Konjunktiv Präsens   22 G 1.1
  Infinitiv Präsens   21 G 1.2
Perfekt   *Tab.* V$_2$; *Tab.* VI$_{1-5}$; VII$_1$
  Bildung des Perfekt-Aktiv-Stamms:
    mit -v-   9 G 2.1; 17 G 1.2
    mit -u-   9 G 2.1; 17 G 1.2
    mit -s-   9 G 2.1; 17 G 1.2
    durch Dehnung   10 G 1; 17 G 1.2
    durch Reduplikation   10 G 1; 17 G 1.2
    ohne Veränderung   10 G 1.2
    bei ESSE/IRE   9 G 2.1; 26 G 1
  Bildung des Partizip-Perfekt-Passiv-Stamms: 13 G 1.1; 17 G 1.2
  Verwendung: 9 G 3; 14 T
    konstatierendes Perfekt   9 G 3.2
    narratives Perfekt   9 G 3.1
    präsentisches Perfekt   25 G 2
Periode   → Satzgefüge
Personal-Pronomina   11/12; *Tab.* II$_1$
  1. und 2. Person   11 G 3.1/2
  3. Person   12 G 3; 11 G 3.3 (reflexiv)
  als Genitiv zur Besitzangabe   12 G 3.3
Person-Zeichen   1 G 1.1; 2 G 1; 3 G 1; 9 G 1.1; 9 G 2.3; 14 G 3.1; 16 G 1.1; 21 G 1.1; 22 G 1.2; 23 G 1.2; 28 G 1.1
Plusquamperfekt
  Aktiv   14 G 3.1
  Passiv   14 G 3.2
  Konjunktiv   → dort
  Verwendung   14 G 3.3; 14 T
Position   S 1; *Tab.* XI
Positiv   26 G 2; *Tab.* III
POSSE   7 G 1; *Tab.* VII$_1$
Possessiv-Pronomina   8 G 3; 12 G 3.3 (reflexiv); *Tab.* II$_2$
  Ersatz durch Demonstrativ-Pronomina   12 G 3.3
POSTQUAM   10 G 3, *Tab.* IX$_1$
Praedicativum   2 G 3.3
  Kongruenz   2 G 3.3
Prädikat   S 4; S 5
  einfaches   1 G 1/4
  Bildung mit Copula ESSE   2 G 3.2
Prädikatsnomen   2 G 3.2
  Kongruenz   2 G 3.2

im Nominativ 2 G 3.2
im Dativ 17 G 2
im AcI → AcI
Partizip Futur Aktiv 27 G 1.2
Partizip Perfekt Passiv 13 G 1.2
Präpositionale Verbindung 5 G 1.4
Präpositionalobjekt S 6; 5 G 1.4
Präpositionen *Tab.* VIII$_{1-3}$
  mit Ablativ 5 G 1.3; *Tab.* VIII$_2$
  mit Akkusativ 4 G 3.2; *Tab.* VIII$_1$
  mit Akkusativ/Ablativ 5 G 2; *Tab.* VIII$_3$
Präsens *Tab.* V$_1$; *Tab.* VII$_1$
  Präsens-Stamm 2 G 1.2; 3 G 1.2; 3 G 2; 6 G 1.2; 9 G 1/2.2; 10 G 1; 16 G 1.3; 21 G 1; 25 G 3
  Infinitiv → dort
  Konjunktiv → dort
  Partizip → dort
PRIUSQUAM *Tab.* IX$_1$
Pro-Formen 12 T
Prohibitiv 22 G 2.1
Pronomina *Tab.* II$_{1-6}$
  Demonstrativ- → dort
  Indefinit- → dort
  Interrogativ- → dort
  Personal- → dort
  Possessiv- → dort
  Reflexiv- → dort
  Relativ- → dort
Punctualis → Ablativ
  (Grundfunktionen/Sinnrichtungen)

QUOD *Tab.* IX$_2$

Reduplikation → Perfekt
Reflexiv-Pronomina 8 G 3.1; 11 G 3.3; 15 G 2.2; *Tab.* II$_{1/2}$
Reihung → Satzreihe
Relativischer Satzanschluss 12 G 2
Relativ-Pronomina 12 G 1; *Tab.* II$_5$
Relativsätze 12 G 1
Rhotazismus L 22
Richtungsangaben 4 G 3.2; 5 G 2

Sach- oder Bedeutungsfelder 6 T
Satz S 5/6; 1 G 1-4
  Hauptsatz - Gliedsatz 6 G 3.2
  Satzgefüge 6 G 3.2
  Satzmodell S 2
Satzergänzungen S 6; 7; → Objekt; → Adverbiale
Satzerweiterung S 8
Satzglied S 5; S 6; S 7; 1 G 4
Satzgliedteil S 8
Satzreihe 6 G 3.1
semantische Funktion → Sinnrichtungen
Separativ → Ablativ
Sinnrichtungen:
  → Ablativ
  → Ablativus absolutus
  → Adverbialsätze → Genitiv
  → Akkusativ
  → Dativ
  → Participium coniunctum
  → Semantische Funktion 6 G 2.1
SI *Tab.* IX$_5$
Stamm
  Verbum 2 G 1.2 → Konjugation
  Präsens-Stamm → Präsens
  Perfekt-Aktiv-Stamm → Perfekt
  Partizip-Perfekt-Passiv-Stamm → Perfekt
Stammauslautvokal → Kennvokal
Stammformen → Perfekt; *Tab.* VI$_{1-5}$; VII$_{2-4}$
Steigerung → Komparation
Subjekt S 3; S 5; 1 G 2; 1 G 4; 2 G 2

Infinitiv als Subjekt 3 G 2.3; *Tab.* XI
AcI als Subjekt 15 G 1.2; *Tab.* XI
Subjektsatz 22 G 2.3; *Tab.* IX$_{8/9}$
Subjektsinfinitiv 3 G 2.3; *Tab.* XI
Subjunktionen → Konjunktionen
Substantiv *Tab.* I$_{1-3}$
  Bestandteile 4 G 1.2; → Deklination
  als Subjekt 1 G 2; 2 G 2
  als Prädikatsnomen 2 G 3.2
  als Objekt → Objekt
Substantivierung
  des Adjektivs 7 G 3
Superlativ → Komparation
Syntaktische Funktion → Funktionen; *Tab.* XI
Syntax S 1-8

Temporalsätze
  indikativische 10 G 3; 28 G 1.3; *Tab.* IX$_1$
  konjunktivische *Tab.* IX$_1$
temporale Sinnrichtung
  der Adverbialsätze 3 G 3; 10 G 3; *Tab.* IX$_1$
  des Part. coni./Abl. abs. 13 G 2; 27 G 1.3; 28 G 2.2; 30 G 2
Tempus 6 G 1; 9 T; 14 T
Tempus-Zeichen 9 G 1.1; 14 G 3.1; 16 G 1.1; 21 G 1.3/4; 28 G 1.1
Text T 1-T 3
transitiv 4 G 2.1

UBI 10 G 3; *Tab.* IX$_{1,8}$
übergeordneter Satz 3 G 3
untergeordneter Satz 3 G 3
unwirklich → Irrealis
UT *Tab.* IX$_{3, 4, 7, 9}$

Verba anomala → Verba defectiva
Verba defectiva 25 G 2; *Tab.* VII$_4$
Verbalformen → Stammformen
Verbum: Einführung (Wort) S 4
  Bestandteile 2 G 1.2
  Nominalformen *Tab.* V$_3$
  Stammformen → Perfekt-Bildungen
  „Unregelmäßige Verben" *Tab.* VI$_{1-5}$; *Tab.* VII$_{1-4}$
Vergleich → Komparation
  → Ablativ des Maßes/des Unterschiedes
Vergleichssätze → Komparativsätze
Verneinung → Negation
Verweiswörter 12 T
Vokal L 1-4; L 16-21
  Bindevokal → dort
  Hilfsvokal → dort
  Kennvokal → dort
Vokativ 3 G 1.1
Vorzeitigkeit → Zeitverhältnis

Wortarten Einführung (Wort) 1 G 4.2
Wortbetonung L 12-15
Wortstamm 3 G 2.1; 4 G 1.2; 5 G 1.1; 8 G 1; 10 G 2; 11 G 1.1; 13 G 3; 14 G 1.1; 19 G 1.1; 25 G 1.1
Wortstellung
  des Prädikats 1 G 1.2
  des Imperativs 6 G 1.2
  des Objekts 4 G 2.2
  des Adverbiales 1 G 3.2
  geschlossene 13 G 2.3
Wortstock 4 G 1.2/3; 5 G 1.1; 8 G 1; 8 G 2.2; 11 G 1.1; 13 G 3; 14 G 1.1; 19 G 1.1; 21 G 2.1; 25 G 1.1; 26 G 2.1/3; L 16
Wortwiederholungen 1 T
Wunschsätze → Optativ; → Begehrsätze
  abhängige 22 G 2.2
  unabhängige 22 G 2.1

Zahlwörter → Grundzahlen
Zeit → Tempus
Zeitangaben   4 G 3.1; 6 G 2.2; 18 G 3.1
Zeitenfolge   → Zeitverhältnis
Zeitstrahl   28 G 1.2
Zeitverhältnisse / Zeitenfolge
   gleichzeitig:
      in konjunktivischen Gliedsätzen   23 G 3.1
      im AcI   15 G 1.3; 27 G 3
      in Partizipialkonstruktionen   28 G 2.2; 29 G 1.2;
        30 G 2.3
   vorzeitig:
      in indikativischen Gliedsätzen   10 G 3
        (POSTQUAM); 28 G 1.3
      in konjunktivischen Gliedsätzen   23 G 3.2
      im AcI   15 G 1.3; 27 G 3
      in Partizipialkonstruktionen   13 G 2.1; 29 G 2.2;
        30 G 2.3
   nachzeitig:
      im AcI   27 G 2/3
      in Partizipialkonstruktionen   27 G 1.3; 30 G 2.3
Zeiten-Verwendung   9 T; 14 T